टेक्निकल एनालिसिस

शिवपूजन सिंह

"सबसे पहले में उन सभी को धन्यवाद देना चाहूंगा, जिन्होंने इस किताब को पढ़ने के लिए चुना। मैं अपने परिवार, दोस्त और मेरे शिक्षकों का शुक्रिया अदा करता हूं, जिनकी प्रेरणा से अपने ज्ञान को किताब का आकार देने में कामयाब हुआ।"

क्रम-सूची

प्रस्तावना

''टेक्निकल एनालिसिस की बहुत ही बेहतरीन और लाजवाब किताब है, जिसे बड़े सहज तरीके से बताया गया है'' राजीव पाण्डेय, सीनियर एडिटर, न्यूज 18

''यह किताब उन लोगों के लिए फायदेमंद साबित होगी, जो शेयर बाजार में टेक्निकल एनालिसिस का ज्ञान सरलता से लेना चाहते हैं'' मनोज सिंह, (एम. ए, एल.एल.बी)

''यह किताब शेयर बाजार के टेक्निकल एनालिसिस सीखने लिए काफी उपयोगी है। इसमे लेखक ने बड़े आसानी से इसके बारे में बताया है, जिसे किसी को भी समझने में मुश्किल नहीं होगी'' देवकुमार पुखराज, वरिष्ठ पत्रकार

''टेक्निकल एनालिसिस सीखने के लिए एक शानदार किताब है, खासकर उन लोगों के लिए जो शेयर बाजार में नये-नये हैं। इसमे लेखक ने आसान भाषा में उदाहरण देकर समझाया है'' सुदीप विश्वास, आईआईटीएन

''इस किताब में टेक्निकल एनालिसिस की बेसिक जानकारी दी गई है, नये ट्रेडर जो बाजार में उतरना चाहते हैं, यह किताब उनके लिए बेहतरीन साबित होगी'' डॉ. निशा कुमारी, लेखक (एकेडमिक बुक)

''शेयर बाजार के लिए ये एक सर्वोतम किताब है, इसमे टेक्निकल एनालिसिस को आसान भाषा में समझाया गया है'' संजय सिन्हा, वरिष्ठ पत्रकार

भूमिका

आज इस इंटरनेट के जमाने में शेयर बाजार से काफी लोग अवगत हुए हैं. ज्यादा नहीं एक दशक पहले तक इससे उतने परिचित नहीं थे । शेयर बाजार का सीधा मतलब, वह जगह जहां पैसा गंवाना है, या फिर बहुत ही जोखिम भरा खेल है । खासकर मध्यमवर्गीय परिवार के लिए तो पैसा निवेश करने की यहां उतनी मुफिद जगह नहीं थी । लोगों के मन में डर बना हुआ रहता था । 2008 में आई वैश्विक मंदी ने तो दुनिया के बाजार को हिला दिया था । इसका असर भारत के शेयर बाजार में भी जोरदार पड़ा था । हमारा सूचकांक संसेक्स और निफ्टी चारों खाने चित हो गये थे । उस वक्त का माहौल और नजरीया तो ऐसा था कि स्टॉक मार्केट से लोगों को नफरत और उब सी हो गई थी । बाजार में अपनी गाढ़ी पूंजी लगाए कुछ लोगों ने तो खुदकुशी कर ली । वह दौर ऐसा था कि शेयर बाजार का मतलब पैसा के साथ अपनी जान भी जोखिम में डालने वाला हो । लेकिन, कहते है कि वक्त बदलता है, वह भी अपने तय वक्त पर । लेकिन, इस डर, आशंका और विपरित वक्त में कुछ निवेशक ऐसे थे, जो बाजार की चाल को जानते और समझते थे, कि शेयर बाजार की तो ये फिरतरत है, गिरना-उठना इसका शगल है । उन्हें यह यकीन था कि, जिस तेजी से ये गिरा है, उससे दुगनी तेजी से यह फिर अपनी रफ्तार पकड़ेगा, आखिरकार ये हुआ भी। इसके बाद मंदी का मंजर जब खत्म हुआ, तो बाजार ने अपना ऐतिहासिक रुप दिखाया । जिन लोगों ने सब्र और भरोसे का दामन थामे रखा, उनके डीमेट एकाउंट में पैसों का अंबार था या फिर कहे बेशुमार दौलत थी । इसके बाद बहुत लोगों ने जाना और समझा कि शेयर बाजार में गिरावट उसकी फितरत है, इसकी चाल है, शगल है । अहिस्ता-अहिस्ता वक्त की करवट ने लोगों का भरोसा जीतना शुरु किया, जो आज भी जारी है। लोग अब शेयर,म्यूचअल फंड, ईटीएफ और बाजार के कई प्रोडक्ट में निवेश कर रहें है । कई लोगों ट्रेडर बनने की राह भी पकड़ ली है । बहुतों ने कामयाबी भी हासिल की, तो कई लोग बाजार का ज्ञान लेने में लगे हुए हैं । आज सूचना क्रांति के पैर

पसारने के बाद डीमेट एकाउंट की तादाद में भी काफी बढ़ोत्तरी हुई है। जो यह समझाने के लिए काफी है कि शेयर बाजार पर लोगों का भरोसा जमा है और इसकी रफ्तार घटेगी नहीं, बल्कि बढेगी ही । दुनिया में भारत एक मजबूत इकनॉमी वाला देश के तौर पर जाना जाता है, विशेषज्ञ कहते है कि आनें वाला वक्त हिन्दुस्तान का है। लिहाजा भारत दुनिया के लिए एक बड़ा बाजार है और निवेश के लिए एक मुफिद जगह है ।

मेरा इस किताब का लिखने का मकसद टेक्निकल एनालिसिस की जानकारी देना है । शेयर बाजार फंडामेंटल और टेक्निकल एनालिसिस की लोग पढ़ाई करते हैं । इस पढ़ाई की बदौलत ही, वो बाजार में पैसा लगाते हैं । इस किताब में आसान भाषा और शब्दों में टेक्निकल एनालिसिस को बताया गया है। यह मेरे पूरे अनुभव के आधार पर लिखा गया है । मुझे उम्मीद है कि ये किताब लोगों को टेक्निकल एनालिसिस सीखने में मदद करेगी और शेयर बाजार में पैसा कमानें में सहायक साबित होगी ।

आपकों ये बताना चाहूंगा कि इस किताब में किसी भी शेयर, कमोडिटी, करंसी के खरीदने और बेचने की सलाह नहीं देता है। आप अपने फैसले खुद ले या फिर अपने वित्तिय सलाहकार से इसे लेकर सलाह ले। इस किताब का मकसद लोगों को शिक्षित करना है।

पावती (स्वीकृति)

लेखक

मैंने टीवी मीडिया और पत्रकारिता में देढ़ दशक से ज्यादा वक्त तक काम किया । शेयर बाजार से पहली बार मेरा वास्ता 2017 में हुआ । इसके बाद लगातार इससे जुड़ा हुआ हूं। हर किसी को शुरुआत में ट्रेडिंग और निवेश में कठिनाईयों का सामना करना पड़ता है। मेरे साथ भी हुआ, लेकिन, इसके बाद मैंने टेक्निकल एनालिसिस को सीखा, कई सारी किताबों और कामयाब ट्रेडर्स की मानसिकता को समझा । इसके बाद मुझे कामयाबी मिली और इस विषय पर लगातार लिख रहा हूं ।

आमुख

1

चार्ट

भाग 1- टेक्निकल एनालिसिस

''आप कितनी बार सही थे और कितनी बार गलत थे ये मायने नहीं रखता, मायने ये रखता है कि, आप सही रहने के दौरान कितना पैसा कमाया और गलत रहनें के दौरान कितना पैसा गंवाया'' जॉर्ज सोरोज

शेयर बाजार का नाम सुनते ही ज्यादातर लोगों के जहन में जुआ लगने लगता है। लोगों की नजर में ट्रेडिंग जुआ और सट्टा है, यहां पैसा गंवाने का सबसे बढ़िया जगह है, यह अमीरों का जुआखाना है। न जाने कितनी बाते हमे सुनने को मिलती है । ये नफरत और गलत भावनाएं ही शेयर बाजार को लोगों की आंखों की किरकिरी बना के रखता है । लेकिन, इस स्टॉक मार्केट का दूसरा पहलू भी है, जो उस डर, नफरत और आशंका से अलग है। अगर ट्रेडिंग नियम-कायदे और ज्ञान के बलबूते किया जाए तो, पैसा को ज्यादा से ज्यादा बड़ा बनाया जा सकता है, जो आपकी कल्पना से शायद बहुत ही ज्यादा हो ।

ट्रेडिंग जुआ या फिर सट्टा नहीं है, यह एक पढ़ाई है, ज्ञान है, जुनून है, लगन है , ललक है और लगातार सीखने की सतत प्रक्रिया है । टेक्निकल एनालिसिस की बदौलत हम इसमे कामयाबी पा सकते है । अगर हम एक नियम-कायदा, शिष्टाचार, पैसों का प्रबंधन करना सीख जाए तो फिर ट्रेडिंग से भी पैसा बनाया जा सकता है ।

दुनिया में कई बड़े-बड़ें ट्रेडर हुए, जिसने छोटे पैसे से शुरुआत की और बाद में अपने ज्ञान, अनुभव और धैर्य की बदौलत बाजार से बड़ा पैसे बनाकर घर ले गये। दुनिया ने इन्हें इज्जत दी और मुकाम दिया। डांसर से ट्रेडर बने निकोलस दारवास एक शानदार उदाहरण है, जिन्होंने दुनिया के सामने अपनी दौलत रखी और बताया कि शेयर बाजार जो पैसा दे सकता है, वो पैसा कहीं नहीं मिल सकता। ऐसे कई उदाहरण है, जिनमे, रिचर्ड डेनिस, जेसी लिवरमोर, डेन जेंगर, मार्क मेनवानी सरीखे बड़े नाम है, जिन्होंने अपनी ललक, जुनून और कड़ी मेहनत के सहारे पैसा कमाया। सवाल है कि इनकी कामयाबी का राज क्या था, और क्यों इनलोगों ने पैसा कमाया? । इसका जवाब बहुत मुश्किल नहीं है। क्योंकि, इन लोगों ने लगातार मेहनत से ये बाते समझ गये थे कि ट्रेडिंग के अपने वसूल और नियम-कायदे हैं, अगर उस पर अमल किया जाए तो पैसा आसानी से बन सकता है। इन लोगों ने ऐसा करके दिखाया भी।

अगर आप ट्रेडिंग सीखना चाहते है, तो इसे एक व्यवसाय की तरह लेना होगा, फायदा-घाटा का हिसाब रखना होगा। इसे गहराई से समझना होगा और पूरे मन से इस पर अमल करना होगा। इसके साथ ही सबसे बड़ा नियम यह है कि अपनी पूंजी को कैसे सुरक्षित रखा जाए, कितना जोखिम लिया जाए और कितना प्रॉफिट की उम्मीद की जाए। अगर इन बारिकियों को सीख गये, तो देखियेंगा इससे रिजल्ट आयेंगे और आपको सफलता मिलेगी। यहां आपकों ये जरुर समझना है कि यहां आपकी लड़ाई तेज दिमाग वाले इंसान है, जिसका पैसा आपको लेना है। इससे कैसे पार पाना है? और कैसे विजय हासिल करनी है? यह आपकों आपके ज्ञान के हथियार के इस्तेमाल से ही मुमकिन है। इस किताब में टेक्निकल एनालिसिस के बारे में पढ़ाया गया है, हम एक-एक चेप्टर को विस्तार से पढ़ेंगे और समझेंगे।

1. चार्ट (Chart)

''अगर मेरा ट्रेड गलत लगता है, तो मैं निकल जाता हूं, अगर सही रहता है, तो बन रहता हूं'' पॉल टुडर जॉन्स

टेक्निकल एनालेसिस में चार्ट एक महत्वपूर्ण किरदार अदा करता है, इसके बिना टेक्निकल एनालिसिस की पढ़ाई अधूरी है या फिर कहें की

इस पर सोचना भी बेवकूफी है । जिस तरह आप बिना सांस के रह नहीं सकते, बगैर ईंट के घर नहीं बना सकते, बिना दाना-पानी के इंसान और जीव-जंतु नहीं रह सकते, बिन पानी की मछली नहीं रह सकती । ठीक उसी तरह से बिना चार्ट के टेक्निकल एनालिसस नहीं सीखा जा सकता । यह इस पढ़ाई का महत्वपूर्ण भाग है, जिसके जरिए ही टेक्निकल एनालिसिस की रुप-रेखा तय होती है । दरअसल, यह एक प्राइस की स्टडी है, इसके उतार-चढ़ाव के आधार पर जान सकते हैं कि बाजार किस दिशा में है और आगे क्या-क्या हो सकता है । चार्ट एक जादुई चिज है, इससे इंकार नहीं किया जा सकता। अगर इसे बारिकी से अध्ययन कर किसी ने पकड़ बना ली, तो वो बाजार के आगे -पीछे की चाल पकड़ सकता है । टेक्निकल एनालेसिस में चार्ट के ज्ञान को लेकर ही सारी चिजे सम्मिलित है। इसके आधार पर ही कई चिजों को अध्ययन किया जाता है । ज्यादातर ट्रेडर तो चार्ट को ही सबकुछ मानते हैं, उनकी नजर में किसी शेयर-सूचकांक का चार्ट जो बोलता है, इसी के आधार पर ही वह आगे का कदम उठाते हैं । लिहाजा, चार्ट की क्या उपयोगिता है और क्यों ये टेक्निकल एनालिसिस में जरुरी है । आप समझ गये होंगे, आगे चेप्टर में इसके बारे में विस्तार से बताया गया है, जो आपकों समझ में आयेगा, ऐसा विश्वास है ।

चार्ट के प्रकार Types of Charts

चार्ट के भी कई प्रकार होते हैं, इसे देखने का नजरीया और पैमाना भी कई तरीके से है । जिन ट्रेडर्स को जिसमें ज्यादा मुफिद या फिर ज्ञान अर्जित किया है । वो इसी का इस्तेमाल शेयर बाजार में करते हैं। इसी में, वह पारंगत होते हैं और ट्रेडिंग के फैसले लेते हैं । सबसे पहले उस चार्ट को बताना चाहूंगा, जिसका सबसे ज्यादा इस्तेमाल किया जाता है, या फिर दुनिया में ज्यादातर ट्रेडर्स इसका इस्तेमाल करते हैं । इसका नाम कैंडलस्टिक है, जो जापान में ईजाद हुआ था ।1700 के दशक में , कैंडलस्टिक का इस्तेमाल चावल की कीमतों के अनुमान लगाने के लिए किया गया था । 1750 में, मुनेहिसा होमा के नाम से एक जपानी कारोबारी, जो चावल के खरीद-बिक्री को लेकर कैंडलस्टिक चार्ट का इस्तेमाल किया था। इसके बाद से आज तक कैंडलस्टिक चार्ट ट्रेडर्स

समुदाय में खास अहमियत रखे हुए हैं । इसकी महत्ता का अंदाजा, इसी बात से लगाया जा सकता है कि दुनिया के ज्यादातर ट्रेडर्स कैंडलस्टिक को ही बुनियाद मानकर ट्रेडिंग करते आ रहे हैं । उन्हें इसे इस्तेमाल कर आशातित सफलता भी हासिल की । कैंडलस्टिक में रियल बॉडी एक महत्वपूर्ण हिस्सा होता है , क्योंकि ये ओपन प्राइस और विशेष समय सीमा के क्लोजिंग प्राइस के बीच अंतर को दर्शाता है । समय सीमा, एक घंटे, एक दिन, एक हफ्ते, महीना या और कुछ भी हो सकता है ।

चार्ट में कैंडलस्टिक तो काफी लोकप्रिए है ही, जिसकी पसंद सबसे ज्यादा है। इसके अलावा ट्रेडर्स बार चार्ट, लाइन चार्ट, कार्गी चार्ट, पाइंट एंड फिगर चार्ट और हैकानेशी चार्ट इस्तेमाल करते हैं । हालांकि, ट्रेडर्स जिस चार्ट में ज्यादा महारथ या फिर ज्ञान हासिल करते हैं। उसे ही इस्तेमाल कर ट्रेडिंग करते हैं । अगर देखा जाए तो सभी चार्ट की अपनी-अपनी खूबी होती, कोई इसमे कितना परांगत रहता है । यह मायने रखता है, शेयर बाजार की दुनिया तकरीबन सभी चार्ट का उपयोग किया जाता, इससे इंकार नहीं किया जा सकता ।

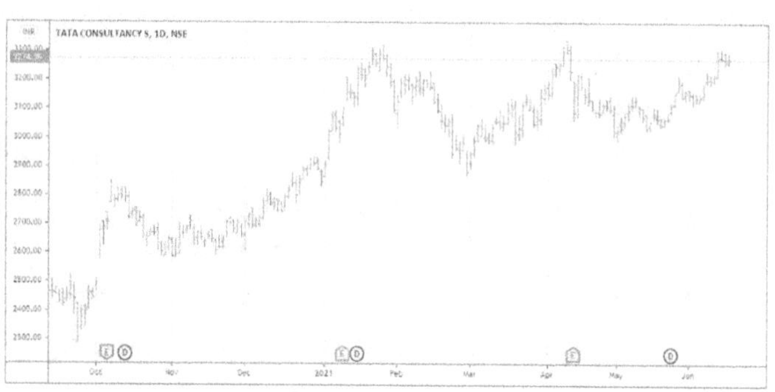

बार चार्ट, (चित्र 1.1)

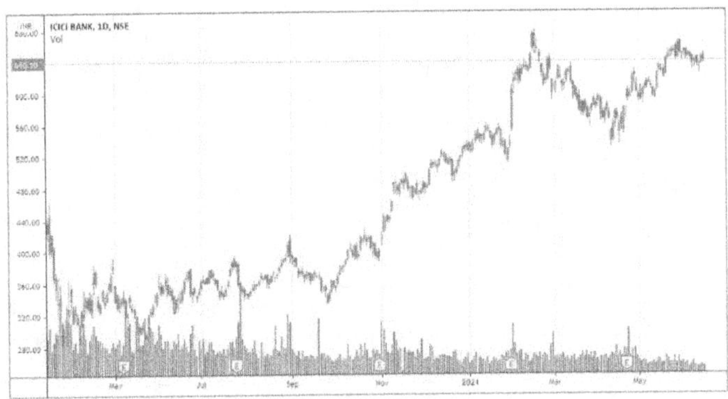

कैंडलस्टिक चार्ट, (चित्र 1.2)

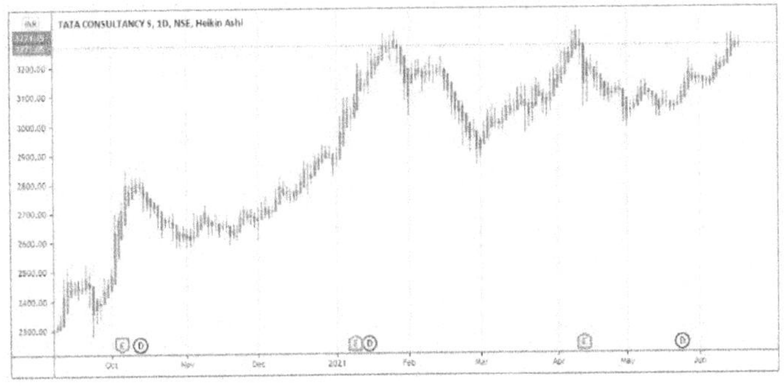

हैकानेशी चार्ट, (चित्र 1.3)

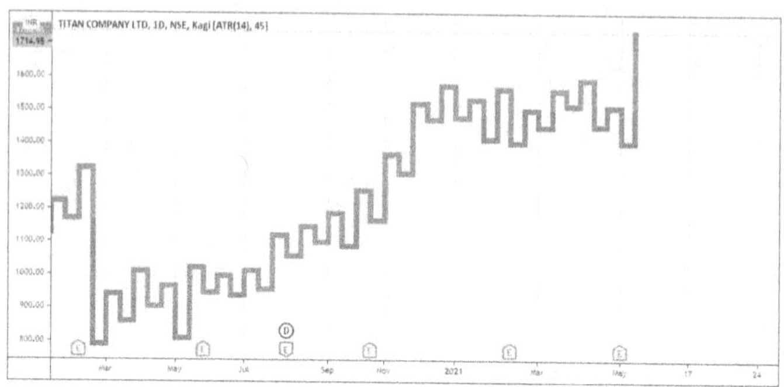

कार्गी चार्ट, (चित्र 1.4)

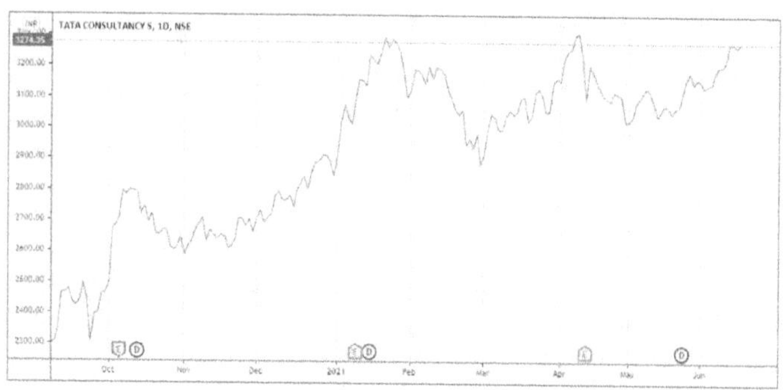

लाइन चार्ट, (चित्र 1.5)

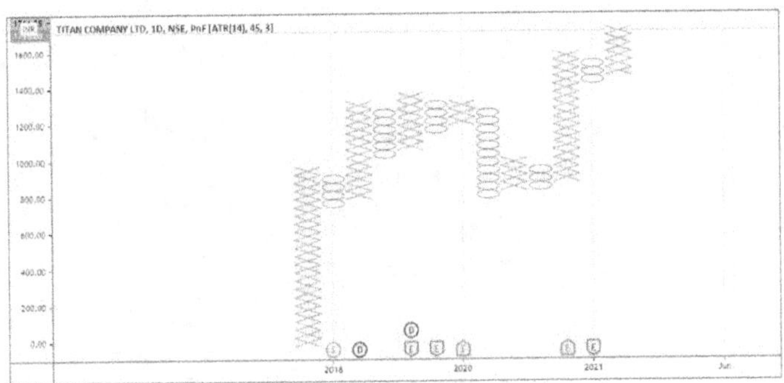

पाइंट एंड फिगर चार्ट, (चित्र 1.6)

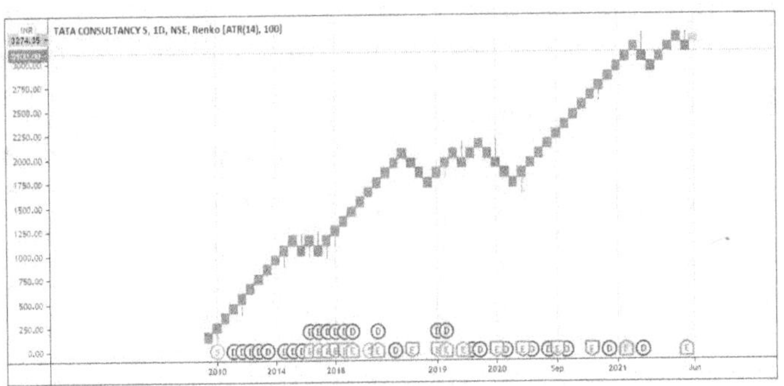

रेंको चार्ट, (चित्र 1.7)

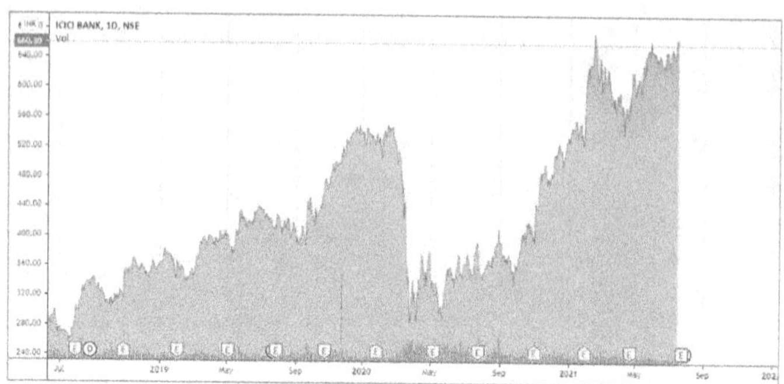

एरिया चार्ट, (चित्र 1.8)

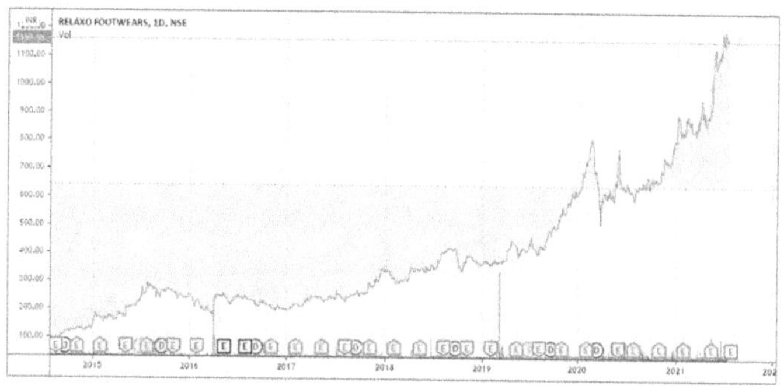

बेसलाइन चार्ट, (चित्र 1.9)

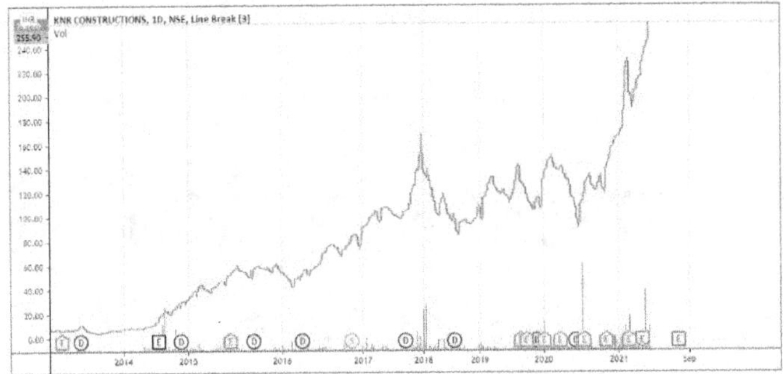

लाइन ब्रेक चार्ट, (चित्र 1.10)

2

चार्टइ टाम फ्रेम

"आंख मूंदकर किसी पर भरोसा नहीं करें, बल्कि मार्केट पर ध्यान दें कि आखिर वह क्या कहना चाह रहा है " जायमिन साह

चार्ट के बारे में तकरीबन हमने जान लिया और बहुत हद तक सक्षिप्त तौर पर समझा भी । लेकिन, ट्रेडिंग के लिए कौन सा टाइमफ्रेम डे, स्विंग ,पोजिशनल या इंवेस्टमेंट के लिए सही होता है । ये भी हमे जानने-समझने की जरुरत है । क्योंकि, कोई भी ट्रेडर्स कितने समय के लिए पैसा लगाना चाहता है, ये चार्ट का टाइमफ्रेम पर ही आधारित है । हालांकि, चार्ट टाइमफ्रेम को जानने से पहले डे ट्रेटिंग, स्विंग ट्रेडिंग और पोजिशनल ट्रेडिंग या इनवेस्टमेंट होता क्या है । यह हम विस्तार से जान लेते हैं ।

डे ट्रेडिंग- यह वह ट्रेडिंग होती है, जब कोई ट्रेडर अपने शेयर, कमोडिटी या करंसी एक ही दिन में खरीद-बेच करता है । इसका पॉपुलर नाम इंट्राडे ट्रेडिंग भी है । डे ट्रेडिंग में जोखिम भी बहुत होता, बहुत लोग इससे दूर ही रहते हैं । बेशक इसमे खतरा है, लेकिन, डे ट्रेडिंग करने वालों की तादाद आज भी कम नहीं है ।

स्विंग ट्रेडिंग- इस ट्रेडिंग में ट्रेडर किसी भी शेयर, कमोडिटी, करंसी या बाजार के अन्य उत्पाद को एक दिन से लेकर एक महीनें तक रखते हैं । इसे स्विंग या फिर शार्ट टर्म ट्रेडिंग कहा जाता है, इस ट्रेडिंग में पैसा अच्छा बनता , हालांकि, जोखिम इसमें भी है, लेकिन डे ट्रेडिंग के

मुकाबले इसमे खतरा कम होता है । स्विंग ट्रेडिंग करने वालों की तादाद भी अच्छी-खासी है ।

पोजिशनल या इन्वेस्टमेंट –जब आप किसी शेयर्स को महीनों या सालों तक रखते हैं, तो इसे पोजिशनल या इवेस्टमेंट कहते हैं । बाजार की भाषा में इसे निवेश भी कहा जाता है । एक निवेशक जो लंबे समय तक अपने पैसे में निवेश बनाए रखता है । वो अच्छा-खासा पैसा बाजार से बनाता है । हालांकि, ये बात नहीं है कि इसमे खतरा या फिर जोखिम नहीं रहता है । पैसा डूबने का डर यहां भी बना रहता है ।

इसे समझने के बाद चलिए अब चार्ट टाइमफ्रेम को समझते है कि डे, स्विंग और पोजिशनल ट्रेडिंग के लिए कौन सा टाइमफ्रेम को इस्तेमाल करना चाहिए, ताकि पैसा बनाया जा सके । चलिए इसे विस्तार से समझते हैं ।

इंट्राडे या डे - इसके लिए 5 मिनट से लेकर 1 घंटे का टाइमफ्रेम काफी सही माना जाता है । क्योंकि, ट्रेडर्स डे ट्रेडिंग में मूवमेंट को पकड़ते हैं, जो शार्ट टाइमफ्रेम के जरिए ही संभव होता है । हालांकि, सबसे ज्यादा इस्तेमाल 5 मिनट और 15 मिनट के टाइमफ्रेम को ट्रेडर्स करते हैं ।

स्विंग या शार्ट टर्म - इसके लिए ट्रेडर 60 मिनट से लेकर 1 दिन के चार्ट टाइमफ्रेम का इस्तेमाल ट्रेडिंग में किया जाता है । इसके पीछे तर्क है कि चार्ट के 60 मिनट और 1 दिन का टाइमफ्रेम आगे आने वाले वक्त में क्या मूवमेंट करेगा , इसका आकलन इस टाइमफ्रेम से कर लेते हैं ।

पोजिशनल या इन्वेस्टमेंट - पोजिशनल और इन्वेस्टमेंट के लिए ट्रेडर्स साप्ताहिक या महीने के चार्ट का इस्तेमाल करते हैं । इसके पीछे कारण ये है कि इसमे पैसा किसी शेयर्स में लंबे समय के लिए लगाया जाता है । जो सप्ताह या महीने का चार्ट आकलन करने लिए सही होता है ,इसमे ये पता चलता है कि लंबे वक्त में आखिर उनके निवेश का क्या असर होगा ।

3

ट्रेंडलाइन

"एक कामयाब ट्रेडर को अपने बेस्ट ट्रेड पर ध्यान देना चाहिए, न कि पैसे पर " एलकजेंडर एल्डर

टेक्निकल एनालेसिस में ट्रेंडलाइन एक महत्वपूर्ण भूमिका निभाता है । यह एक ऐसा मापक है, इससे ट्रेडर्स ये जानकारी हासिल करते है कि आखिर शेयर, कमोडिटी, करंसी या फिर बाजार का कोई ओर उत्पाद किस तरफ रुख करेगा । सीधे शब्दों में कहे तो ट्रेडलाइन शेयर की दिशा को बताता है , कि आखिर किधर शेयर का रुख होगा । ट्रेडलाइन को चार्ट में खींचा जाता , इसे खींचने की भी विधि है, जिसे समझने की बेहद जरुरत है , अगर बिना सोचे-समझे और नियम के तहत चार्ट पर नहीं खींचा गया तो फिर इसके रिजल्ट भी सही नहीं आयेंगे । चार्ट शेयर, कमोडिटी, करंसी में कम से कम दो Price Point को मिलाया जाता है । ट्रेंड तीन तरह के होते है, जो uptrend, downtrend और Sideway होता है । आईए हम इसे उदाहरण से आसानी से समझते हैं ।

अपट्रेंड (Uptrend)- आप नीचे दिए गये चार्ट को गौर से देखिए कि यहां शेयर्स किस और जा रहा है । आप देखेंगे कि शेयर ऊपर की ओर जा रहा है , जहां लकीर खींचकर दो Price Point को मिलाया गया है, जो ये बताता और दर्शाता है कि शेयर Uptrend में है ।

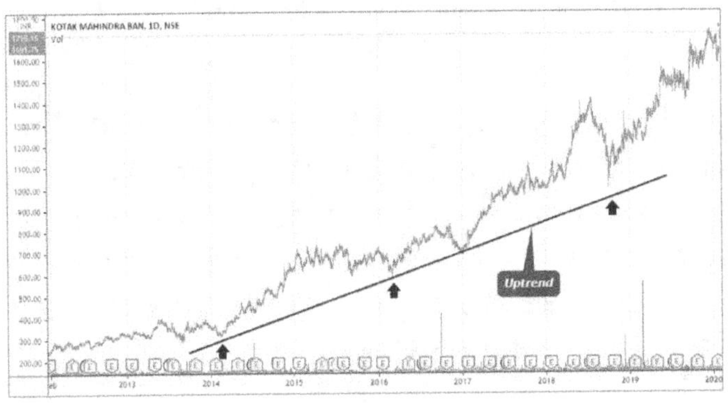

कोटक महिन्द्रा बैंक का चार्ट, जो अपट्रेड में दिखाई पड़ रहा है, (चित्र 3.1)

डाउनट्रेंड (Downtrend)- इसी तरह आप नीचे दिए गए चार्ट को देखिए कि शेयर नीचे की तरफ जाते हुए दिखाई पड़ रहा, जो गिरावट को दिखा रहा है । यहां भी लकीर खींचकर शेयर के दो Price Point को मिलाया गया है , जो शेयर के Downtrend की तरफ इशारा करता है ।

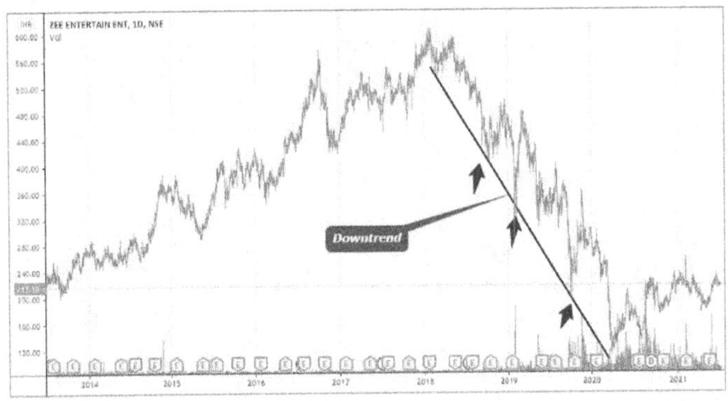

जी एंटरटेनमेंट का चार्ट, जो डाउनट्रेंड में दिखाई पड़ रहा है, (चित्र 3.2)

साइड-वे (Sideway)- नीचे दिखाए गये, इस शेयर के चार्ट को देखिए ये न तो ऊपर की तरफ जा रहा है और न ही नीचे की तरफ । यह एक ही जगह पर मौजूद दिखाई पड़ रहा है , यानि एक रेंज के दायरे में ही ये घूम रहा है । यहां भी Price Point को मिलाकर ट्रेंडलाइन खींचा जाता है । इसके बाद जो आकृति शेयर में बनती है , जो इशारा करती है कि अभी यह शेयर Sideway में चल रहा हैं ।

एस्कॉर्ट का चार्ट, जो साइड-वे में दिखाई पड़ रहा है (चित्र 3.3)

4

सपोर्ट और रेजिस्टेंस

"ट्रेडिंग में, साल में दो बार असंभव चीजे देखने को मिलती है" हेनरी एम सीमोज

ट्रेडिंग चार्ट में सपोर्ट और रेजिस्टेंस एक महत्वपूर्ण भाग है । यह वो जगह है, जहां पर किसी शेयर,कमोडिटी, करंसी के ठहराव होती है, जहां पर यह अनुमान लगाया जाता है कि यहां पर ठहराव हो सकता । इसी अनुमान के जरिए ट्रेडर्स को खरीद-बेच की रणनीति बनाने में मदद मिलती है । इसकी महत्ता इसी से लगायी जा सकती है कि ट्रेडर्स अपने एनलेसिस में सपोर्ट और रेजिस्टेंस को प्रमुख तौर पर ढूंढते है और इसके बाद आगे के फैसले लेते है, जो उनके लिए सार्थक हो । हमने पिछले चेप्टर में ट्रेंडलाइन पढ़ा था, दरअसल, यही ट्रेंडलाइन ही चार्ट में सपोर्ट और रेजिस्टेंस का निर्माण करता है । यही किसी भी शेयर, कमोडिटी, करंसी की मांग और आपूर्ति को दर्शाता है । यही ट्रेडर खरीदने-बेचने के फैसले लेते हैं या फिर ज्यादा फायदा के लिए ठहरते हैं । आखिर, सपोर्ट और रेजिस्टेंस क्या है, इसे हम विस्तार से समझते हैं

सपोर्ट (Support) –यह वो जगह होती, जहां ट्रेडर किसी शेयर, कमोडिटी, करंसी या कोई बाजार के उत्पाद खरीदने के लिए सोचते हैं । क्योंकि, ज्यादातर मौके पर यही से मुवमेंट शुरु होता है और ट्रेडर को भी एक सही प्राइस मिलती है । इसके पीछे कारण और तर्क ये है कि यहां आपूर्ति से ज्यादा मांग होती है, जो ट्रेडर्स के लिए प्राफिट बनाने के

लिए मुफीद होती है । इसे हम नीचे दिए गये चार्ट से आसानी से समझ सकते हैं , कि आखिर कौन सी जगह सपोर्ट होती है और क्यों ट्रेडर के लिए आकर्षक जगह होती है।

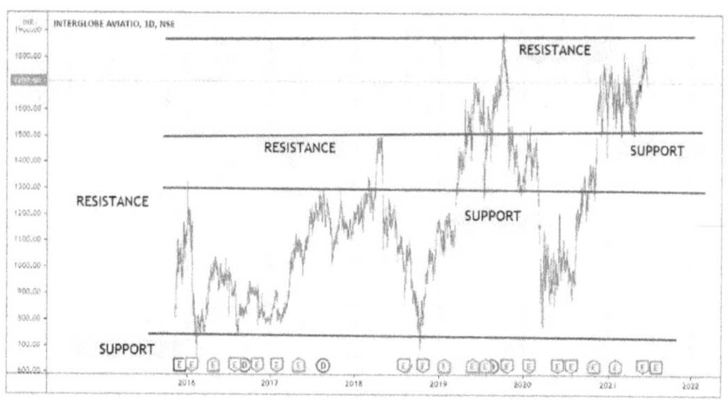

इंटरग्लोब एवियेशन का चार्ट, जिसमे सपोर्ट और रेजिस्टेंस का उदाहरणदिया गया है, चित्र(4.1)

रेजिस्टेंस(Resistance)- चार्ट में रेजिस्टेंस वह जगह होती है , जहां ट्रेडर को लगता है कि यहां से प्राइस ऊपर नहीं जाएगा और एक अच्छे प्रॉफिट में अपने शेयर, कमोडिटी, करंसी या फिर बाजार के अन्य उत्पाद को वह बेचने का फैसला लेता है । हालांकि, रेजिस्टेंस को तोड़ने पर शेयर्स फिर एक नया हाई बनाते है , लेकिन, यह तब मुमकिन है, जब वह रेजिस्टेंस लाइन को ब्रेक करता है । एक चतुर ट्रेडर मौके की नजाकात को भांपते हुए अपना निर्णय लेते हैं । दूसरे शब्दों में रेजिस्टेंस को समझे तो यह वह जगह होती है, जहां मांग से ज्यादा आपूर्ति होती है । रेजिस्टेंस आखिर क्या है , हम चार्ट में नीचे दिए गये उदाहरण से समझ सकते हैं ।

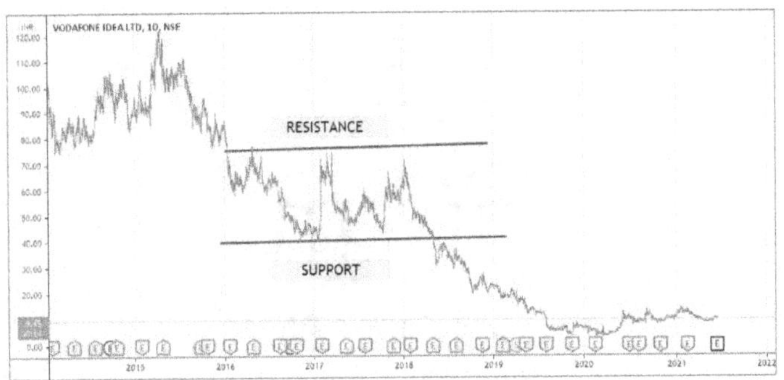

वोडाफोन का चार्ट, रेजिस्टेंस का उदाहरण दिया गया है, चित्र (4.2)

हालांकि, ये सच्चाई भी है कि यह पूरी तरह से कोई तय फार्मूला या राम बाण तरीका नहीं है कि सपोर्ट-रेजिस्टेंस पर ही ट्रेडर खरीद-बेच का फैसला लेते हैं । एक चालाक ट्रेडर मौके की तस्वीर देखकर ही कोई कदम उठाते हैं । इसके पीछे कारण ये है कि कभी-कभी यहां अनुमान गलत भी साबित होता है । इसलिए ऐसे वक्त पर ट्रेडर अपनी रणनीति बदल लेते हैं । इसके बाद जो उन्हें अच्छा लगता है, वो अपने फैसले लेते हैं ।

5

वॉल्यूम

"पैसा ट्रेडिंग से नहीं, आपके बैठने यानि धैर्य से बनता है" जैसी लिवरमोर चार्ट में वॉल्यूम भी बना होता , जो चार्ट के नीचे डंडे के तौर पर दिखाई पड़ता है। इसका भी एक अहम रोल है और दुनियाभर में ट्रेडर्स के बीच काफी लोकप्रिए और महत्व रखता है । चार्ट के नीचे डंडे की आकृति आमूमन लाल और हरे रंग की होती है । वॉल्यूम की मौजूदगी सभी ट्रेडिंग प्लेटफॉर्म पर रहती है । कई ऐसे नामी गिरामी ट्रेडर्स रहे हैं, जो चार्ट और वाल्यूम के संबंध को देखकर ही बाजार की चाल भांप जाते है । इसी से आप अंदाजा लगा सकते हैं , कि आखिर वाल्यूम की क्या अहमियत ट्रेडिंग में है । चार्ट में वॉल्यूम को बड़ी बारिकी नजर से परखा जाता है कि आखिर वर्तमान में क्या हो रहा है और आगे क्या हो सकता है । हालांकि, जिन्हें इसकी समझ नहीं है, उन्हें ये बिल्कुल अटपटा और अबूझ पहेली जैसा दिखता है । लेकिन, जो इसे समझते है, वो इसे नजरअंदाज कतई नहीं करते , बल्कि इसी के जरिए खरीद-बेच या फिर ट्रेड में बने रहने का फैसला लेते हैं । वॉल्यूम से ही यह आकलन लगता है कि कुल शेयर्स की कितनी खरीद और बिक्री हुई । इसकी खासीयत ये है कि यह चार्ट के हरेक टाइमफ्रेम में दिखता है । उदाहरण के तौर पर इसे समझा जाए तो, यदि एक दिन के चार्ट पर वॉल्यूम दिखाई पड़ रहा है, तो उस एक दिन में कितनी शेयर्स की खरीद-बेच हुई यह वॉल्यूम से ही पता लगता है । वही, एक हफ्ते के चार्ट में जो

वॉल्यूम बनता है, उससे ये जाहिर होता है कि उस हफ्ते कितनी शेयर्स की खरीद और बिक्री हुई । वॉल्यूम में हरे रंग का डंडा खरीदने और लाल रंग का डंडा बेचने का संकेत देता है । वॉल्यूम के जरिए ही ट्रेडर कुल शेयर्स के खरीद-बेच का हिसाब-किताब रखते हैं, जो उनके ट्रेडिंग को सफल बनाने में काफी सहायक साबित होता है । इसे गहराई से समझने के लिए नीचे दिए गये चार्ट से हम समझ सकते है कि आखिर चार्ट के साथ वॉल्यूम किस प्रकार बनता है और हरेक कैंडल के साथ वॉल्यूम कितना बड़ा और छोटा है । हालांकि, यह गहन अध्ययन की चीज है, जो लगातार चार्ट और वॉल्यूम के अध्ययन के बाद समझ में आती है ।

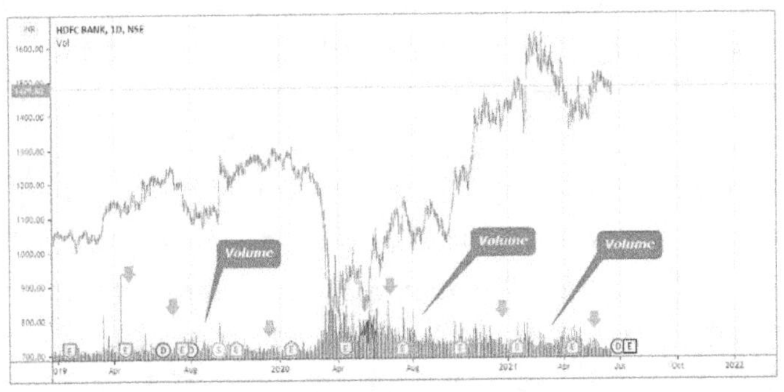

एचडीएफसी बैंक के चार्ट के नीचे वॉल्यूम दर्शाया गया है,
चित्र(5.1)

6

प्रॉफिटेबल पेटर्न

"अपने ट्रेडिंग सिस्टम पर कभी भी तर्क-वितर्क और बहस नहीं करना चाहिए" माइकल कोवल

चार्ट पेटर्न दो तरह के होते हैं

1.रिवर्सल पेटर्न Reversal Pattern- यह प्राइस चार्ट में वह पेटर्न उभरते हैं, जो ट्रेड बदलने या खत्म होने की तरफ इशारा करते हैं ।

2. कन्टिन्यूयेशन पेटर्न Continuation Pattern – यह प्राइस चार्ट में वो पेटर्न होता है, जो वर्तमान ट्रेड को जारी रखने का संकेत देता है । यानि इसमे बदलाव की संभावना न के बराबर होती है चलिए अब विस्तार से जानते है कि, कौन-कौन से पेटर्न चार्ट में बनते हुए दिखाई पड़ते हैं ।

1.फ्लैग पेटर्न Flag Pattern

जब किसी शेयर के चार्ट में झंडे के समान आकृति बनते हुए दिखाई पड़ती है , तो वो इसे फ्लैग पेटर्न मानता है । वह चार्ट में उभरे इस पेटर्न पर ट्रेड करने के लिए पोजिशन बनाता है । फ्लैग पेटर्न चढ़ते और गिरते दोनों बाजार में बनता है । फ्लैग पेटर्न बनने की वजह यह होती है कि कभी-कभी चढ़ते या गिरते बाजार में स्टॉक का ट्रेड ठहर जाता है, जिसे Consolidation भी कहते हैं । तब ये झंडे के आकार का दिखने लगता है । झंडे के ऊपर या नीचे प्राइस चढ़ने या गिरने पर ट्रेडर पोजिशन बनाते हैं । यह एक प्रॉफिटेबल पेटर्न माना जाता है, और इसमे पैसे बनते हैं ।

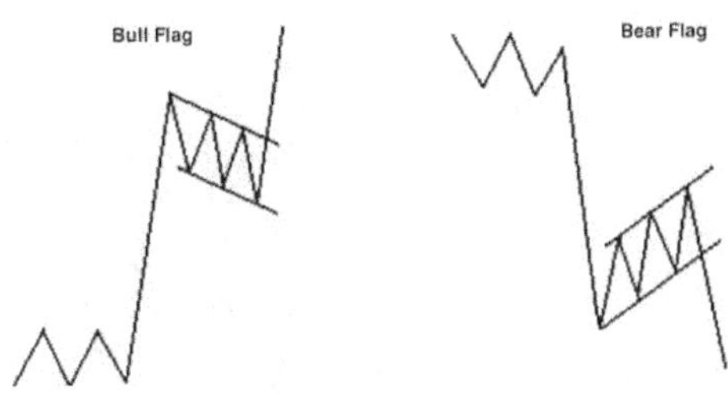

फ्लैग पेटर्न, चित्र (6.1)

a.बुल फ्लैग पेटर्न Bull Flag Pattern

बुल फ्लैग पेटर्न की रुपरेखा चढ़ते या Uptrend में दिखाई पड़ती है । इसमे चढ़ता वह ट्रेड कुछ वक्त के लिए ठहर जाता है, या फिर कहे Consolidate हो जाता है । जो एक पोल के सहारे झंडे के माफिक दिखाई पड़ता है । एक ट्रेडर जब फ्लैग के ऊपर प्राइस ब्रेक करता है, तो वो शेयर को खरीदते है या फिर कहे अपनी पोजिशन बनाते हैं ।

कैसे ट्रेड करें ?

खरीदारी - जब स्टॉक चार्ट में फ्लैग को ब्रेक करें, तब शेयर की खरीदारी या Buy करनी चाहिए ।

स्टॉप-लॉस- ब्रेकऑउट कैंडल के Low या फिर फ्लैग के निचले हिस्से पर अपना स्टॉप लॉस लगाना चाहिए ।

टारगेट- पेटर्न का पोल या फिर झंडे की Range को टारगेट रखना चाहिए ।

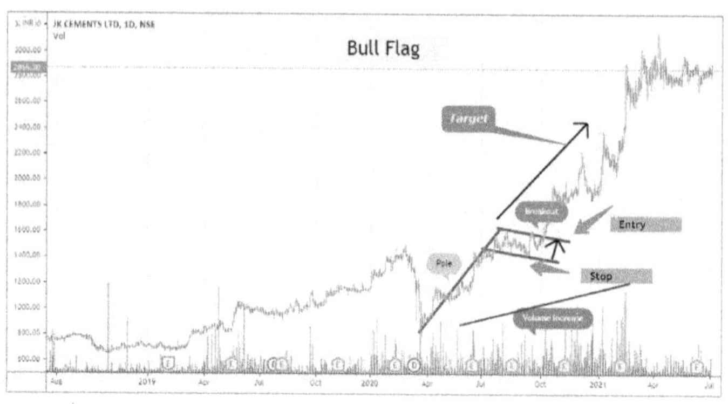

जे.के सिमेंट के एक दिन के चार्ट में बुल फ्लैग पेटर्न, (चित्र 6.2)

आप तस्वीर (चित्र 6.2) में देख सकते है कि Jk Cement के एक दिन के स्टॉक चार्ट पर झंडे की आकृति दिखाई पड़ रही है झंडे के नीचे एक पोल की शक्ल भी अख्तियार किए हुए हैं । जब फ्लैग के ऊपर प्राइस ब्रेक करता है, तब खरीदारी करनी चाहिए । ब्रेकऑउट कैंडल के लो या फ्लैग के निचले हिस्से को अपना स्टॉप रखना चाहिए । हमे टारगेट झंडे की पोल या फ्लैग की रेंज रखनी चाहिए । अगर बड़ा टारगेट रखना चाहते हैं, तो पोल और छोटा टारगेट रखना चाहते हैं, तो झंडे की रेंज टारगेट बनाना चाहिए

b. बियर फ्लैग पेटर्न Bear Flag Pattern

बियर फ्लैग पेटर्न स्टॉक्स के गिरावट के दौरान बनता है या फिर कहे डाउनट्रेड में यह दिखाई पड़ता है । इसमे भी गिरता हुआ ट्रेंड कुछ वक्त के लिए थम जाता है। जो एक पोल की आकृति समेटे झंडे के माफिक दिखलाई पड़ता है । जब गिरवाट के दौरान बने फ्लैग को प्राइस तोड़ता या ब्रेक करता है. तो ट्रेडर शेयर को सेल करने के लिए खरीदते हैं । बियर फ्लैग पेटर्न भी अक्सर दिखाई पड़ता है ।

कैसे ट्रेड करें ?

खरीदारी – जब डाउनट्रेंड में बने फ्लैग को प्राइस ब्रेक करे या फिर तोड़े, तब शेयर्स को Sell करना चाहिए ।

स्टॉप-लॉस- ब्रेकडॉउन कैंडल के High या फिर फ्लैग का ऊपरी भाग में स्टॉप लॉस लगाना चाहिए।

टारगेट- पेटर्न का पोल या फिर झंडे की Range को टारगेट रखना चाहिए

एस्ट्राजेनिका के एक दिन के चार्ट पर बियर फ्लैग पेटर्न, (चित्र 6.3)

आप तस्वीर (चित्र 6.3) में देखिए Astrazeneca Pharma के 1 दिन के स्टॉक चार्ट गिरते हुए दिखाई पड़ रहा है । जिसमे झंडे की आकृति लिए पोल और झंडा है । जो बियर फ्लैग है । जब झंडे के नीचे प्राइस जाता है, तो फिर हमे स्टॉक में शॉर्ट सेल की एंट्री लेनी चाहिए । ब्रेकडॉउन कैंडल का हाई हमारा स्टॉप लॉस होगा । अगर हमारा टारगेट छोटा है, तो झंडे की Range और टारगेट बड़ा है, तो फिर झंडे का Pole हमारा टारगेट होगा । आप इस शेयर के ग्रॉफ में साफ-साफ समझ सकते हैं , कि हमे कब खरीदारी करनी चाहिए और कब बेचना चाहिए और हमारे ट्रेड में कितना रिस्क है ।

2. पिनेट पेटर्न Pennant Pattern

पिनेट चार्ट पेटर्न एक Continuation चार्ट पेटर्न, ये चढ़ते और गिरते दोनों के वक्त बनता दिखाई पड़ता है । दरअसल, जब शेयर चढ़ता और गिरता है, तो कुछ वक्त के लिए शेयर का प्राइस स्थिर या फिर कहे Consolidate हो जाता । इस दौरान पिनेट जैसी तस्वीर स्टॉक्स में दिखाई पड़ती है । ट्रेडर्स जब शेयर्स के पिनेट की आकृति के ऊपर या नीचे आता है, तब शेयर की खरीदारी और बिक्री करने का निर्णय लेते हैं । दूसरे शब्दों में कहे तो अपनी पोजिशन Buy या Sell में बनाते हैं । इसमे भी एक पोल दिखाई पड़ता है और फिर पिनेट की शक्ल उभरती है । यह फिर फ्लैग पेटर्न की ही तरह होता है , उसमे फ्लैग की आकृति बनती है , इसमे पिनेट की तस्वीर उभरती है । यह पेटर्न अक्सर स्टॉक्स चार्ट पर बनता दिखाई पड़ता है । इसमे ट्रेडर्स अच्छा-खासा मुनाफा बनाते हैं ।

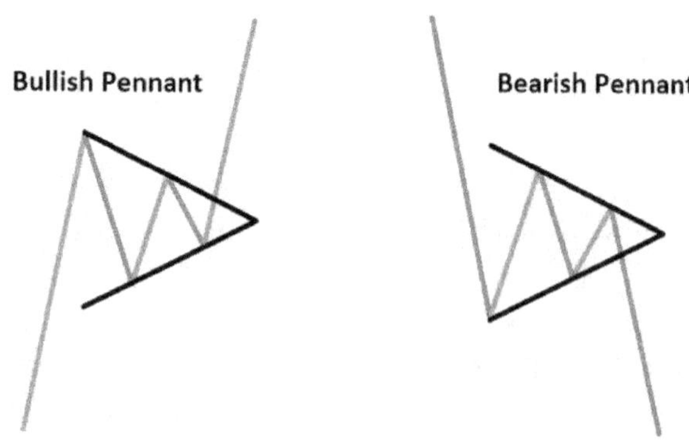

पिनेट पेटर्न, (चित्र 6.4)

a.बुल पिनेट Bull Pennant

बुल पिनेट पेटर्न शेयर के चढ़ने या फिर कहे Uptrend के दौरान बनता है । दरअसल तेजी से चढ़ने के बाद कुछ वक्त के लिए शेयर एक जगह पर थम जाते हैं और पिनेट की आकृति बनाते हैं । पिनेट बनने से पहले इस पेटर्न में भी पोल बनता है, जो शेयर्स के तेजी के दौरान बनता है

। शेयर्स का प्राइस जब इस पिनेट को पार करता है या ब्रेकआउट करता है , तो तब इस शेयर में खरीदारी की जाती है । इसके बाद शेयर्स में अच्छा-खासा मूव देखने को मिलता है ।

कैसे ट्रेड करें ?

खरीदारी- जब अपट्रेंड में बने पिनेट को शेयर का प्राइस ब्रेक करें , तब Buy करनी चाहिए ।

स्टॉप-लॉस- ब्रेकआउट कैंडल के Low या फिर पिनेट के निचले भाग पर स्टॉप लॉस लगाना चाहिए ।

टारगेट- पेटर्न का पोल या फिर पिनेट की Range को टारगेट रखना चाहिए ।

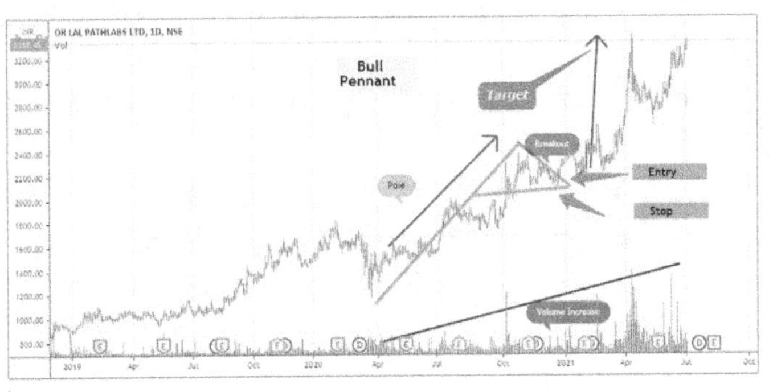

डॉ. लाल पैथलैब के एक दिन के चार्ट में बुल पिनेट पेटर्न, (चित्र 6.5)

आप तस्वीर (चित्र 6.5) में देख सकते हैं कि किस तरह Dr Lal Pathalabs के एक दिन के चार्ट पर देखे तो इसमे पिनेट पेटर्न बना हुआ है, जब स्टॉक के चार्ट में पिनेट को प्राइस ब्रेक करता है, तो हमे Buy की पोजिशन बनानी चाहिए । वही स्टॉप लॉस पिनेट का नीचला हिस्सा या ब्रेकआउट कैंडल का लो रखना चाहिए । वही , अगर टारगेट छोटा है, तो पिनेट की रेंज या फिर स्टॉक में बना पोल टारगेट होगा ।

b.बियर पिनेट पेटर्न Bear Pennant

बियर पिनेट पेटर्न शेयर के गिरने या फिर कहे Downtrend के दौरान बनता है । दरअसल शेयर तेजी से गिरता है , इसके बाद कुछ वक्त के लिए एक जगह पर ठहर सा जाता है । यू कहें कि Consolidation की स्थिति में रहता है । जो गिरावट होती है, वो तेज होती है, लिहाजा पोल की आकृति फ्लैग पेटर्न जैसी ही बनती है । इस दौरान वह कुछ वक्त थम कर पिनेट के आकार का दिखता है । प्राइस जब ब्रेकऑउट करता है, तब ट्रेडर्स शेयर्स को Sell के लिए खरीदते हैं । इसके बाद ये तेजी से गिरता है । जिससे ट्रेडर्स शॉर्ट सेल में मुनाफा कमाते हैं ।

कैसे ट्रेड करें ?

खरीदारी – जब डाउनट्रेंड में पिनेट को प्राइस ब्रेक करें, तब शेयर को Sell करना चाहिए ।

स्टॉप-लॉस- ब्रेकडॉउन कैंडल के High या फिर पिनेट के ऊपरी भाग पर स्टॉप लॉस लगाना चाहिए ।

टारगेट- अगर टारगेट छोटा है, तो पिनेट पेटर्न की रेंज और अगर टारगेट बड़ा है, तो पिनेट की पोल को टारगेट रखना चाहिए।

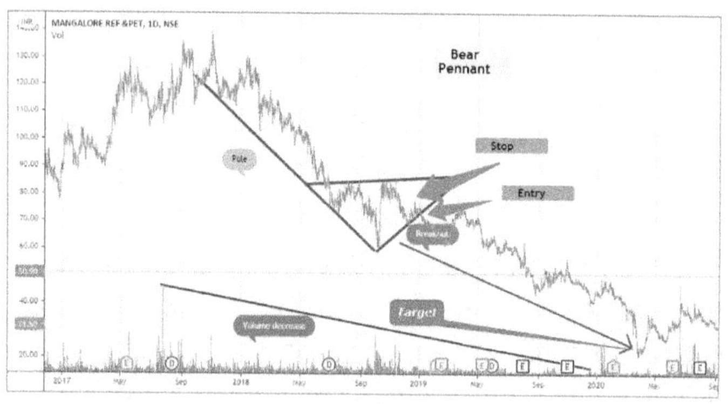

मैंगलोर रिफाइनरी के एक दिन के चार्ट पर बियर पिनेट पेटर्न, (चित्र 6.6)

तस्वीर (चित्र 6.6) में आप Mangalore ref के एक दिन के चार्ट में आप समझ सकते हैं । इसमे बियर पिनेट पेटर्न बना हुआ है । इसमे, जब पिनेट के आकार को प्राइस ब्रेक करता है, तो शॉर्ट सेल की पोजिशन बनानी चाहिए, स्टॉप लॉस ब्रेकडॉउन कैंडल की हाई या फिर पिनेट का ऊपरी हिस्सा होगा । वही टारगेट पिनेट की पोल या फिर पिनेट पेटर्न की रेंज होगी ।

3.वेज पेटर्न Wedge Pattern

वेज पेटर्न Continuation के साथ-साथ एक Reversal पेटर्न है । वेज दो ट्रेडलाइन को जोड़कर बनता है , जो सपोर्ट और रेजिस्टेंस कहलाता है । इसके अंदर ही प्राइस की मूवमेंट देखने को मिलती है । यह वेज सरीखा आकृति बनाये रखता है ।

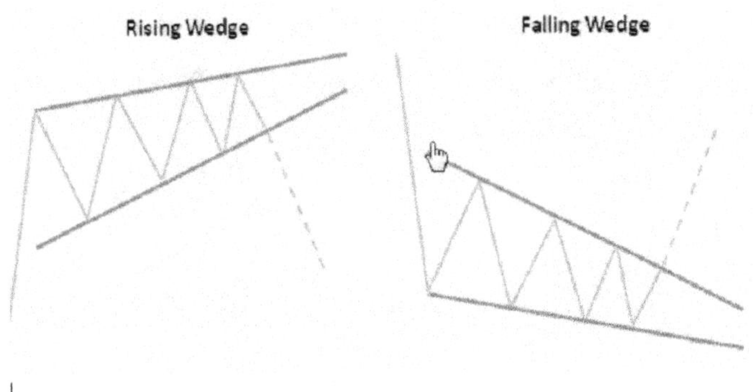

वेज पेटर्न, (चित्र 6.7)

a.राइजिंग वेज पेटर्न Rising Wedge

राइजिंग वेज पेटर्न चढ़ते हुए स्टॉक्स में देखने को मिलता है , लेकिन यह Uptrend रहता तो जरुर है। लेकिन, ये शेयर्स के गिरने की तरफ

इशारा करता है । क्योंकि ये वेज को प्राइस जब तोड़ता है, तो फिर गिरावट देखने को मिलती है । दरअसल, यह रिवर्सल पेटर्न है, जिसमे स्टॉक Higher High और Lower low फोर्मेशन बनाता है । जिसमे स्टॉक वेज के अंदर ही मूवमेंट करता है । इसे तोड़ने के बाद ट्रेडर्स शेयर को सेल करने की पोजिशन बनाते हैं ।

कैसे ट्रेड करें ?

खरीदारी – जब शेयर वेज को ब्रेक कर जाए, तो फिर शेयर को Sell करना चाहिए ।

स्टॉप-लॉस- ब्रेकडाउन कैंडल के हाई को स्टॉप-लॉस रखना चाहिए ।

टारगेट- वेज के पिछले हिस्से की रेंज को टारगेट मानना चाहिए ।

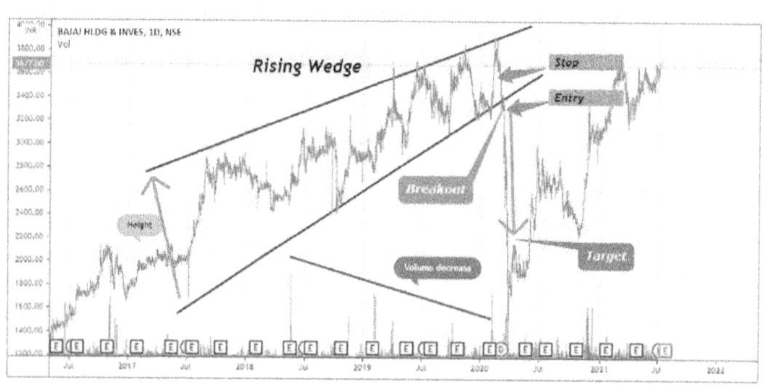

बजाज होल्डिंग के एक दिन के चार्ट में राइजिंग वेज पेटर्न, (चित्र 6.8)

आप तस्वीर (चित्र 6.8) में Bajaj Hldg की एक दिन की चार्ट को देख सकते हैं । जिसमे राइजिंग वेज पेटर्न बना हुआ है, जब वेज को प्राइस तोड़ता है, तो हमे गिरावट दिखाई पड़ती है । ऐसी परिस्थिति में ट्रेडर्स को ब्रेकडाउन कैंडल पर सेल की पोजिशन बनानी चाहिए और ब्रेकडाउन कैंडल के हाई को स्टॉप लॉस मानना चाहिए । ट्रेड के लिए टारगेट वेज के पिछला हिस्सा का रेंज होगा । चार्ट में पूरी तरह से

दिखाया गया है, कि हमारा इंट्री, टारगेट और स्टॉप लॉस कहां होगा ।

b.फालिंग वेज पेटर्न Falling wedge

फालिंग वेज पेटर्न शेयर के गिरन के दौरान बनता हुआ दिखाई पड़ता है। इसमे शेयर गिरता तो जरुर है ,लेकिन इसकी प्रकृति चढ़ने की रहती है । यानि यह एक बुलिश पेटर्न है। जिसमे ट्रेडर्स शेयर खरीदकर मुनाफा कमाते हैं । फालिंग वेज एक रिवर्सल प्राइस पेटर्न है , इसका मतलब है कि शेयर गिरने के बाद चढ़ता है। इसमे शेयर में Lower Low और Lower high का फोर्मेशन बनता है। इसमे गिरावट के दौरान शेयर वेज के अंदर ही मूवमेंट करता है । जब इस वेज को प्राइस तोड़ते है, तो शेयर में हमें अच्छी खासी तेजी देखने को मिलती है ।

कैसे ट्रेड करें ?

खरीदारी- जब वेज फोर्मेशन शेयर ब्रेक करे तो फिर हमे शेयर Buy करनी चाहिए।

स्टॉप-लॉस- शेयर में स्टॉप-लॉस ब्रेकऑउट कैंडल के नीचले भाग पर लगाना चाहिए।

टारगेट- वेज के पिछले हिस्से की बड़ी जो रेंज होती है, वही हमारा टारगेट होता है ।

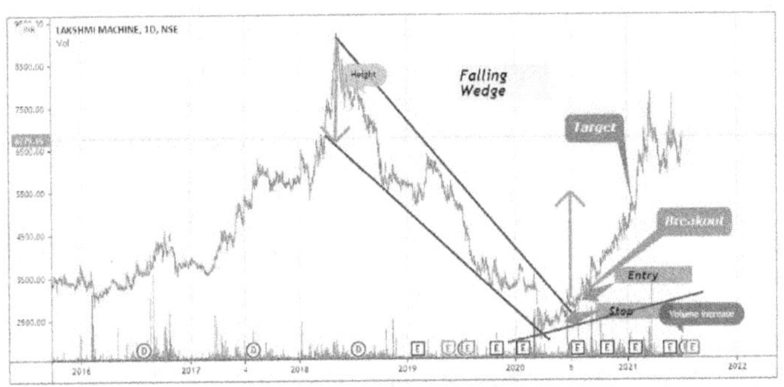

लक्ष्मी मशीन के एक दिन के चार्ट पर फालिंग वेज पेटर्न बना है, (चित्र 6.9)

तस्वीर(चित्र 6.9) में Laxmi machine के एक दिन के चार्ट पर फालिंग वेज पेटर्न बना हुआ है । जिसमे वेज के ब्रेकऑउट करने के बाद शेयर में तेजी दिखाई पड़ रही है । उदाहरण में दिखाया गया है कि वेज के ब्रेकऑउट कैंडल पर शेयर की खरीदारी करनी चाहिए और ब्रेकऑउट कैंडल के नीचले हिस्से को स्टॉप-लॉस माना गया है । वही वेज के पिछले हिस्से को टारगेट रखा गया है ।

4.ट्रांयगल पेटर्न Traingle Pattern

ट्रांयगल पेटर्न अक्सर स्टॉक्स के चार्ट में बनता हुआ दिखाई पड़ता है। यह बेहद ही कॉमन और महत्वपूर्ण पेटर्न है । यह चार्ट में त्रिकोण के आकार की तरह दिखाई पड़ता है । यह एक Continuation पेटर्न है। जो तीन तरह से स्टॉक चार्ट में देखने को मिलता है । जिसे Ascending, Desending और Symmetrical ट्रांयगल पेटर्न कहते हैं ।

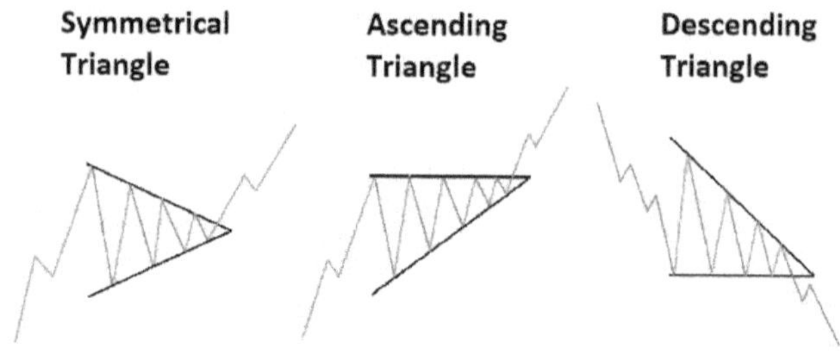

ट्रांयगल पेटर्न, (चित्र 6.10)

a.एसेंडिंग ट्रांयगल Ascending Triangle

एसेंडिंग ट्रांयगल पेटर्न एक Bullish Continuation पेटर्न है । जिसमे शेयर में तेजी दिखाई पड़ती है । इसमे शेयर का प्राइस Higher high और Lower low का फोर्मेशन बनाता है। जो दो ट्रेंडलाइन ऊपर और नीचे दोनों ओर से बना होता है । इसी के बीच में प्राइस की मूवमेंट देखने को मिलती है। जब प्राइस ट्रांयगल के ऊपर ब्रेक करता है, तो शेयर्स में काफी तेजी देखने को मिलती है। जिसमे ट्रेडर्स को अच्छा-खासा मुनाफा कमाने का मौका मिलता है ।

कैसे ट्रेड करें ?

खरीदारी- जब ट्रायगंल को प्राइस ब्रेक करें, तो फिर शेयर Buy करनी चाहिए ।

स्टॉप लॉस- ब्रेकऑउट कैंडल के नीचले भाग पर स्टॉप लॉस रखनी चाहिए ।

टारगेट- एसेंडिंग ट्रांयगल के हाई को हम टारगेट ट्रेड के दौरान रखेंगे ।

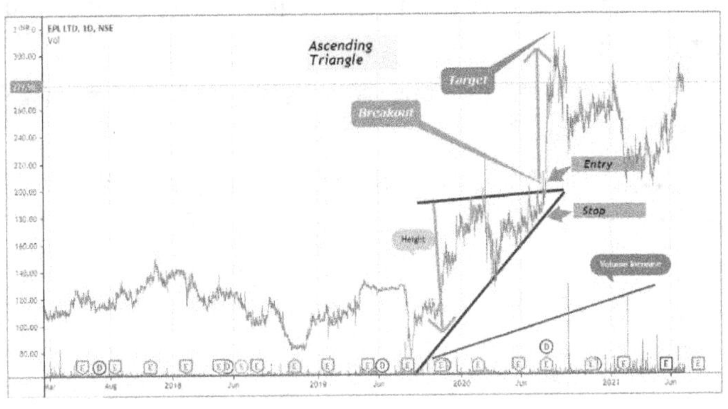

ईपीएल के एक दिन के चार्ट पर एसेंडिंग ट्रांयगल पेटर्न, (चित्र 6.11)

उदाहरण के तौर पर एसेंडिंग ट्रांयगल पेटर्न को समझने के लिए 1 दिन के EPL के चार्ट (चित्र 6.11) को देख सकते हैं। जिसमे ट्रांयगल को तोड़ने के बाद कितनी तेजी से स्टॉक का प्राइस आगे की तरफ भागता है । इसमे ब्रेकऑउट कैंडल पर खरीदारी, इसके नीचले हिस्से को स्टॉप-लॉस और ट्रांयगल की रेंज को टारगेट रखा गया है ।

b. डिसेंडिंग ट्रांयगल Descending triangle

डिसेंडिंग ट्रांयगल पेटर्न एसेंडिंग के बिल्कुल उल्टा है, इसमे ट्रांयगल के नीचे प्राइस ब्रेक करने पर शेयर्स में सेल की इन्ट्री ली जाती है। ये एक Bearish continuation पेटर्न है , जो शेयर के गिरावट के दौरान अक्सर बनता हुआ दिखाई पड़ता है । इसमे प्राइस Lower high और Lower low का फोर्मेशन बनाता है । ये भी उपर और नीचे ट्रेंडलाइन से बना होता है , जो ट्रांयगल की शक्ल लेता है । इसके अंदर ही प्राइस की मूवमेंट देखने को मिलती है । जब ट्रांयगल को नीचे प्राइस तोड़ता है , तो शेयर्स में तेजी से गिरावट देखने को मिलती है ।

कैसे ट्रेड करें ?

खरीदारी- जब ट्रांयगल को प्राइस ब्रेकऑउट करें तो हमे शेयर Sell करनी चाहिए ।

स्टॉप लॉस- ब्रेकडऑउन कैंडल के ऊपरी भाग को स्टॉप-लॉस रखना चाहिए ।

टारगेट – डिसेंडिंग ट्रांयगल की हाई को हम ट्रेड के दौरान टारगेट मानना चाहिए ।

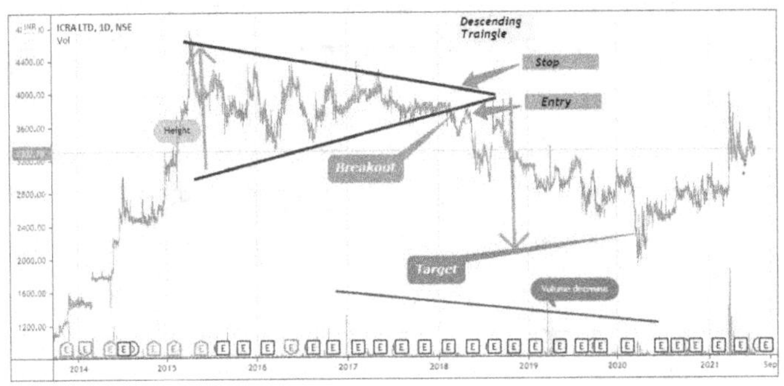

इकरा के एक दिन के चार्ट पर डिसेंडिंग ट्रांयगल पेटर्न, (चित्र 6.12)

डिसेंडिंग ट्रांयगल पेटर्न को समझने के लिए हम उदहारण के तौर पर Icra Ltd के एक दिन के चार्ट (चित्र 6.12) को देख सकते हैं । इसमे प्राइस ट्रांयगल के नीचे आती है, तो शेयर के Sell की पोजिशन बनानी चाहिए । वही, ब्रेकडॉउन कैंडल के ऊपरी हिस्से को स्टॉप-लॉस और ट्रांयगल के हाई को टारगेट बनाना चाहिए । चार्ट में ये सारी चिजे दिखाई गई है, जिसे समझ सकते हैं ।

c.सिमेट्रिकल ट्रांयगल Symmetrical triangle

ट्रांयगल पेटर्न का ही एक भाग सिमेट्रिकल ट्रांयगल है, जो शेयर के प्राइस चार्ट में उभरता है, इसमे ट्रेडर Buy और Sell दोनों तरफ की पोजिशन बनाते है । यानि अगर प्राइस ट्रांयगल के ऊपर ब्रेक करता है, तो Buy की Entry लेते हैं, वही शेयर का प्राइस नीचे आता है, तो Sell की Entry बनाते हैं । दरअसल, शेयर का रुख साफ नहीं होता है, तो सिमेट्रिकल ट्रांयगल देखने को मिलता है । जब शेयर Uptrend में होता है, तो ये Lower high और Higher low बनाता है ।वही, Downtrend में , जब डिमांड और स्पलाई बराबर होती है , तब सिमेट्रिकल ट्रांयगल चार्ट में उभरता है । इसमे भी शेयर का प्राइस मूवमेंट ट्रांयगल के अंदर ही होता है ।

कैसे ट्रेड करें ?

खरीदारी- जब शेयर का प्राइस ट्रायंगल के ऊपर ब्रेक करें तो शेयर को Buy करनी चाहिए, वही जब शेयर का प्राइस नीचे ब्रेक करे तो Sell की पोजिशन बनानी चाहिए ।

स्टॉप लॉस- जब आप शेयर को Buyकर रहें है, तो ब्रेकआउट कैंडल के Low को स्टॉप-लॉस मानना चाहिए। वही, जब आप सेल की पोजिशन बना रहें है, तो ब्रेकडॉउन कैंडल के High को स्टॉप-लॉस मानना चाहिए ।

टारगेट- सिमेट्रिकल ट्रायंगल की जो बड़ी रेंज है, उसे हम टारगेट मान सकते हैं ।

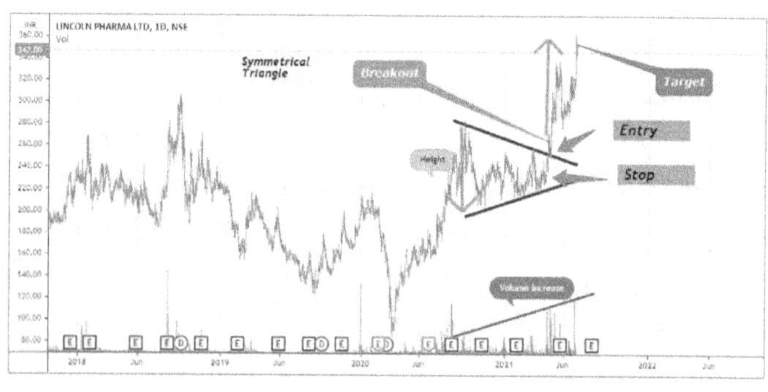

लिनकोलन फर्मा के एक दिन के चार्ट पर सिमेट्रिकल ट्रायंगल,
(चित्र 6.13)

आप तस्वीर (चित्र 6.13) में देख सकते हैं, कि सिमेट्रिकल ट्रायंगल Lincoln Pharma के 1 दिन के चार्ट पर बना हुआ है, जो शेयर के Uptrend के दौरान बना है । इसमे जब ट्रायंगल को प्राइस ब्रेक करता है तो फिर शेयर की खरीदारी की जाती है। वही, ब्रेकआउट कैंडल के निचले भाग को स्टॉप-लॉस माना गया है । वही सिमेट्रिकल ट्रायंगल की जो बड़ी सी रेंज बनी है, उसे ही टारगेट रखा गया है । जो चार्ट में साफ-साफ

दिखाया गया है ।

5.कप और हैंडल पेटर्न Cup and Handle

कप और हैंडल पेटर्न एक लोकप्रिए पेटर्न है, जो शेयर के चढ़ने के दौरान बनता है । यह एक भरोसेमंद चार्ट पेटर्न माना जाता है, शेयर की तेजी के दौरान जब ठहरता है, यह फिर कहे की कुछ वक्त के लिए Consolidation करता है, तो चाय की कप जैसा दिखता है । इस पेटर्न को अमेरिका के मशहूर ट्रेडर और निवेशक विलियम जे ओ नील ने 80 के दशक में विशेष पहचान दिलायी थी। इस पर उन्होंने गहनता से अध्ययन किया था और इसकी खूबी लोगों के सामने पेश की थी ।

Cup and Handle

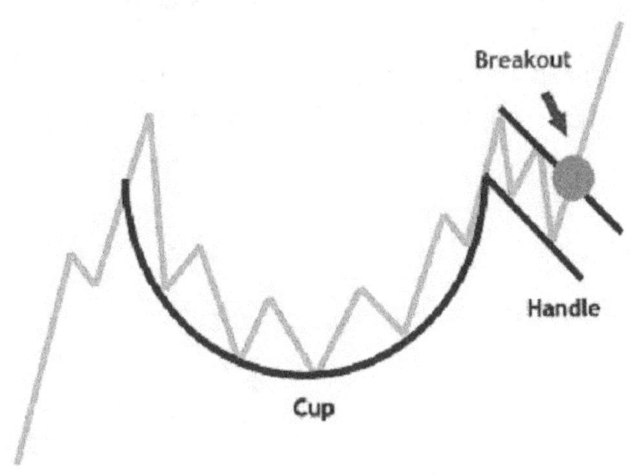

कप और हैंडल पेटर्न, (चित्र 6.14)

कप और हैंडल पेटर्न Cup and Handle

कप और हैंडल पेटर्न भी काफी देखे जाने वाला पेटर्न है, जो अक्सर शेयर के Uptrend में दिखाई पड़ता है । वैसे Downside में भी ये बनता है, इसके बाद शेयर्स काफी तेजी से आगे की ओर भागता है यानि तेजी दिखाई पड़ती है । ये एक Continuation पेटर्न है, जो ट्रेडर्स का पसंदीदा माना जाता है । जैसा की नाम है, उसी मुताबिक चार्ट में चाय के कप की तरह दिखता है, जिसमे हैंडल भी रहता है । यह काफी भरोसेमंद पेटर्न भी माना जाता है । दरअसल, जब चार्ट में तेजी दिखती है, तो Downtrend के वक्त कप की आकृति बनती है और इसके बाद हैंडल भी दिखाई पड़ता है। जब प्राइस हैंडल को ब्रेक करता है, तो ट्रेडर्स शेयर की खरीदारी करते हैं, क्योंकि इसके बाद शेयर्स में तेजी दिखाई पड़ती है ।

कैसे ट्रेड करें ?

खरीदारी- जब शेयर का प्राइस हैंडल को ब्रेक करें , तब शेयर को Buy करनी चाहिए ।

स्टॉप-लॉस- हैंडल के निचले भाग पर स्टॉप-लॉस लगाना चाहिए ।

टारगेट – कप की गहराई यानि रेंज को हमे टारगेट मानना चाहिए ।

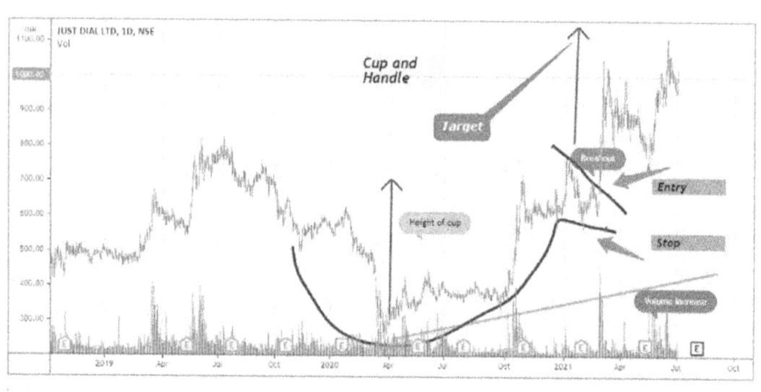

जस्ट डॉयल के एक दिन के चार्ट पर कप और हैंडल पेटर्न, (चित्र 6.15)

तस्वीर (चित्र 6.15) में Just Dial के 1 दिन के चार्ट को देख सकते हैं, इसमे शेयर के गिरने के दौरान कप और हैंडल का पेटर्न बना हुआ । जब शेयर ने कप के हैंडल के ऊपर प्राइस को ब्रेक किया , तो इसमे काफी तेजी देखने को मिली । आप साफ-साफ देख सकते हैं, कि जब हैंडल को प्राइस ने ब्रेक किया तो फिर खरीदारी की गई, वही हैंडल के निचले भाग को स्टॉप-लॉस रखा गया । वही, ट्रेड के दौरान टारगेट कप की गहराई या रेंज को माना गया ।

6.डबल टॉप और बॉटम Double top and bottom

डबल टॉप और बॉटम पेटर्न अक्सर चार्ट में दिखाई देने वाला पेटर्न है। जो की भरोसमंद और ट्रेडर्स को पैसा बनाने में काफी मददगार साबित होता रहा है । यह एक रिवर्सल पेटर्न माना जाता है । शेयर में तेजी के दौरान डबल टॉप पेटर्न देखने को मिलता है । इसके बनने के बाद आमूमन शेयर में गिरावट दिखने को मिलती है । वही, डबल बॉटम पेटर्न शेयर में गिरावट के दौरान बनते हुए देखने को मिलता है। इसके बाद शेयर में साधरणता तेजी दिखाई पड़ती है।

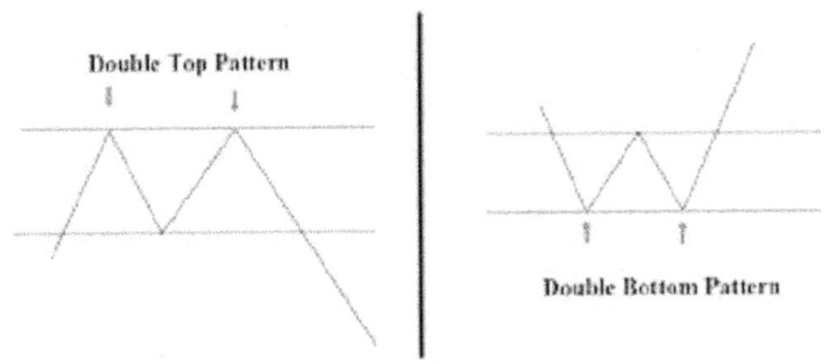

डबल टॉप और बॉटम पेटर्न, (चित्र 6.16)

a.डबल टॉप Double top

डबल टॉप एक जाना-माना और एक भरोसेमंद पेटर्न माना जाता है, स्टॉक के चार्ट में यह अक्सर दिखाई पड़ता है । यह एक Bearish Riversal पेटर्न है । स्टॉक की तेजी के दौरान चार्ट में शेयर को दो प्राइस

पाइंट बनते हैं, जो यह इशारा करते हैं कि अब प्राइस इसके ऊपर जाने की संभावना कम है । इसकी आकृति M जैसी बनती हुई दिखाई पड़ती है और जब दो प्राइस पाइंट बनते हैं, तो एक Resistence शेयर के चार्ट में बन जाता है । यह इशारा करता है कि दो बार सेलर्स ने इस प्राइस के ऊपर रिजेक्शन दिया । यानि, सेलर्स यहां हावी होते दिखाई पड़ रहें हैं । डबल टॉप पेटर्न शेयर की तेजी के रुकने की तरफ ज्यादातर इशारा करती है । अगर शेयर के Swing Low को प्राइस तोड़ता है, तो फिर इसमे तेजी से गिरावट देखने को मिलती है ।

कैसे ट्रेड करें ?

खरीदारी – स्विंग लो के ब्रेक करने पर शेयर में Sell की इंट्री लेनी चाहिए ।

स्टॉप-लॉस- ब्रेकडॉउन कैंडल के हाई को स्टॉप-लॉस मानना चाहिए ।

टारगेट- डबल टॉप और स्विंग लो के दौरान, जो रेंज बनती है. उसे ही टारगेट मानना चाहिए।

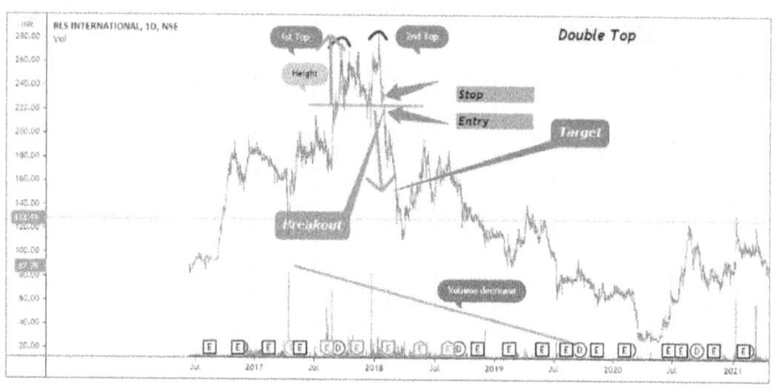

बीएलएस इंटरनेशनल के चार्ट पर डबल टॉप पेटर्न, (चित्र 6.17)

आप तस्वीर (चित्र 6.17)में डबल टॉप पेटर्न का एक अच्छा उदाहरण BLS International Ltd के एक दिनी चार्ट में देख सकते हैं। इसमे

डबल टॉप पेटर्न को चार्ट में दिखाया गया है । कैसे स्विंग लो को ब्रेक करने के बाद स्टॉक में तेजी से गिरावट देखने को मिलती है । इसमे दिखाया गया है कि ब्रेकडॉउन कैंडल पर शार्ट सेल की एंट्री ली गई है । वही, ब्रेकडॉउन कैंडल के हाई को स्टॉप-लॉस रखना चाहिए। वही, डबल टॉप और स्विंग लो की रेंज को टारगेट मानना चाहिए ।

b.डबल बॉटम Double Bottom

डबल बॉटम पेटर्न , डबल टॉप के उल्टा है, यह भी अक्सर शेयर के गिरावट के दौरान बनता हुआ दिखाई पड़ता है । यह भी एक जान-माना और भरोसेमंद पेटर्न माना जाता है । यह एक Bullish Riversal पेटर्न है । स्टॉक की गिरावट के दौरान चार्ट में शेयर को दो प्राइस पाइंट बनते हैं, जो यह इशारा करते हैं कि अब प्राइस इसके नीचे जाने की संभावना कम है, यानि अब शेयर में गिरावट का वक्त खत्म हो गया । इसकी आकृति Wजैसी बनती हुई दिखाई पड़ती है । वही, जब दो प्राइस पाइंट बनते हैं, तो एक Support शेयर के चार्ट में बन जाता है । यह इशारा करता है कि दो बार बायर्स इस प्राइस के ऊपर हावी है और गिरावट को रोक दिया है । दूसरे शब्दों में कहें तो बॉयर्स यहां हावी होते दिखाई पड़ते हैं। डबल बॉटम पेटर्न शेयर की गिरावट थमने की तरफ ज्यादातर इशारा करती है । अगर शेयर के Swing High को प्राइस तोड़ता है, तो फिर इसमे तेजी देखने को मिलती है ।

कैसे ट्रेड करें ?

खरीदारी – स्विंग हाई के ब्रेक करने पर शेयर को Buy करनी चाहिए ।

स्टॉप-लॉस- ब्रेकऑउट कैंडल के लो को स्टॉप-लॉस मानना चाहिए ।

टारगेट- डबल बॉटम और स्विंग हाई के दौरान, जो रेंज बनती है. उसे ही टारगेट मानना चाहिए।

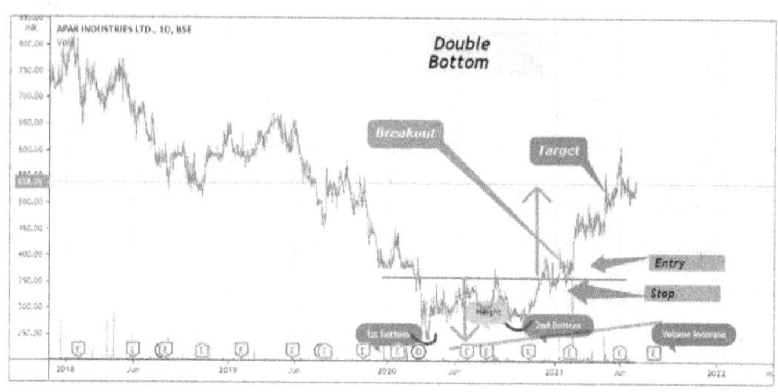

एपीएआर इंटरनेशनल के एक दिन के चार्ट पर डबल बॉटम पेटर्न,
(चित्र 6.18)

डबल बॉटम पेटर्न का एक अच्छा उदाहरण Apar Industries Ltd
के एक दिन के चार्ट में देख सकते हैं । आप देख सकते हैं कि जब स्विंग
हाई को जब शेयर ब्रेक करता है, तो अच्छी-खासी तेजी स्टॉक में दिखाई
पड़ती है । स्विंग हाई के ब्रेकऑउट कैंडल पर हमे शेयर की खरीदारी और
ब्रेकऑउट कैंडल के लो पर स्टॉप-लॉस रखना चाहिए । वही, डबल बॉटम
और स्विंग हाई की रेंज को टारगेट मानना चाहिए ।

7.ट्रिपल टॉप और बॉटम Tripal Top and Bottom

ट्रिपल टॉप और बॉटम पेटर्न के बारे में पहली चीज यही कही जायेगी
की, यह एक भरोसमंद पेटर्न है। जिस पर ट्रेडर्स काफी भरोसा करते हैं
, क्योंकि यह आमूमन बता देता है कि अब शेयर में गिरावट या तेजी
आयेगी। इसके पीछे वजह है कि शेयर में चढ़ने के दौरान तीन प्राइस
पाइंट बनते हैं, जो की ट्रिपल टॉप कहलता है, ये तीन प्राइस पाइंट का
बनना ही ये बताता है कि, अब शेयर के बढ़ने की रफ्तार धीमी हो जाएगी
और गिरावट देखने को मिलेगी। वही , शेयर में गिरावट के दौरान तीन
प्राइस पाइंट बनते हैं, जिसे ट्रिपल बॉटम पेटर्न कहा जाता । तीन प्राइस
पेटर्न बनने का संकेत है कि अब शेयर में गिरावट की संभावना कम हो

गयी है और अब यहां से इसमे तेजी देखेगी । यह एक रिवर्सल पेटर्न है । जो शेयर के प्राइस में देखने को मिलता है ।

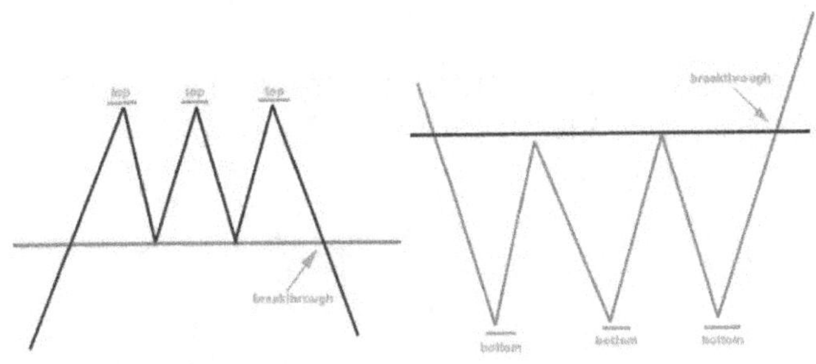

ट्रिपल टॉप और बॉटम पेटर्न, (चित्र 6.19)

a.ट्रिपल टॉप Tripal Top

ट्रिपल टॉप पेटर्न एक भरोसेमंद पेटर्न माना जाता है, जिस तरह डबल टॉप में प्राइस के दो पाइंट बनते हैं, उसी तरह इसमे प्राइस के तीन पाइंट शेयर के चढ़ने के दौरान बनता है । यह एक Bearish Riversal पेटर्न है । स्टॉक की तेजी के दौरान चार्ट में शेयर को तीन प्राइस पाइंट बनते हैं, जो यह इशारा करते हैं कि अब प्राइस इसके ऊपर जाने की संभावना कम है । जब तीन पाइंट बनते हैं, तो एक Resistence शेयर के चार्ट में बन जाता है । यह बताता है कि तीन बार सेलर्स ने इस प्राइस के ऊपर शेयर को जाने से रोका यानि तेजी को थाम दिया । दूसरे शब्दों में कहें तो सेलर्स यहां हावी होते दिखाई पड़ते हैं। ट्रिपल टॉप पेटर्न शेयर की तेजी थमने की तरफ ज्यादातर इशारा करती है । अगर शेयर के Swing Low को प्राइस तोड़ता है, तो फिर इसमे तेजी से गिरावट देखने को मिलती है ।

कैसे ट्रेड करें ?

खरीदारी – स्विंग लो के ब्रेक करने पर शेयर में Sell की इंट्री लेनी चाहिए ।

स्टॉप-लॉस- ब्रेकडॉउन कैंडल के हाई को स्टॉप-लॉस मानना चाहिए ।

टारगेट- ट्रिपल टॉप और स्विंग लो के दौरान, जो रेंज बनती है. उसे ही टारगेट मानना चाहिए।

वाबको इंडिया लिमिटेड के एक दिन के चार्ट पर ट्रिपल टॉप पेटर्न, (चित्र 6.20)

तस्वीर (चित्र 6.20) में ट्रिपल टॉप पेटर्न का एक अच्छा उदाहरण Wabco India Ltd के चार्ट में बना हुआ । आप देख सकते हैं कि कैसे स्विंग लो को ब्रेक करने के बाद स्टॉक में तेजी से गिरावट देखने को मिलती है । इसमे दिखाया गया है कि ब्रेकडॉउन कैंडल पर शार्ट सेल की इंट्री , और ब्रेकडॉउन कैंडल के हाई को स्टॉप-लॉस रखा गया है । वही, ट्रिपल टॉप और स्विंग लो की रेंज को टारगेट मानना चाहिए ।

b.ट्रिपल बॉटम Triple Bottom

ट्रिपल बॉटम पेटर्न भी एक लोकप्रिए और भरोसेमंद पेटर्न माना जाता है, जिस तरह डबल बॉटम में प्राइस के तीन पाइंट बनते हैं, उसी तरह इसमे प्राइस के तीन पाइंट शेयर के गिरावट के दौरान बनता है ।

यह एक Bullish Riversal पेटर्न है । स्टॉक में गिरावट के दौरान चार्ट में शेयर को तीन पाइंट बनते हैं, जो यह इशारा करते हैं कि अब प्राइस का नीचे की तरफ जाने की संभावना कम है । । जब तीन पाइंट बनते हैं, तो एक Support शेयर के चार्ट में बन जाता है । यह इशारा करता है कि तीन बार बॉयर्स ने इस प्राइस के ऊपर रिजेक्शन दिया यानि, अब शेयर में गिरावट नहीं दिखेगी । दूसरे शब्दों में कहें तो , बॉयर्स यहां हावी होते दिखाई पड़ते हैं। ट्रिपल बॉटम पेटर्न शेयर की गिरावट थमने की तरफ ज्यादातर इशारा करती है । अगर शेयर के Swing High को प्राइस तोड़ता है, तो फिर इसमे तेजी देखने को मिलती है ।

कैसे ट्रेड करें ?

खरीदारी – स्विंग हाई के ब्रेक करने पर शेयर को Buy करना चाहिए ।

स्टॉप-लॉस- ब्रेकऑउट कैंडल के लो को स्टॉप-लॉस मानना चाहिए ।

टारगेट- ट्रिपल बॉटम और स्विंग हाई के दौरान, जो रेंज बनती है. उसे ही टारगेट मानना चाहिए।

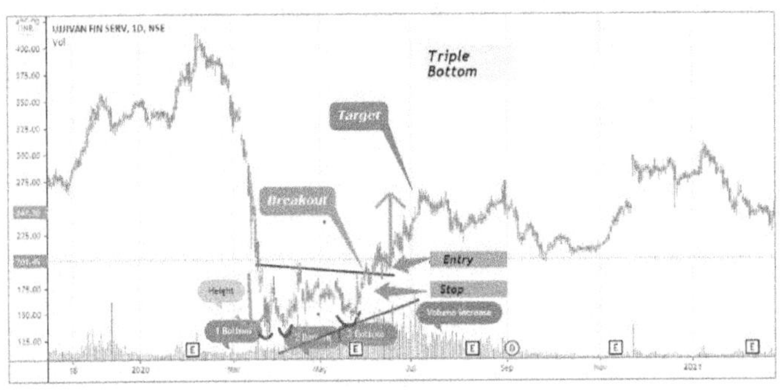

उजीवन फाइनेंस के एक दिन के चार्ट पर ट्रिपल बॉटम पेटर्न, (चित्र 6.21)

तस्वीर(चित्र 6.21) में ट्रिपल बॉटम पेटर्न का एक अच्छा उदाहरण Ujjivan Fin के एक दिन के चार्ट में देख सकते हैं । आप देख सकते हैं कि जब स्विंग हाई को प्राइस ब्रेक करता है, तो अच्छी -खासी तेजी स्टॉक में दिखाई पड़ती है । स्विंग हाई के ब्रेकऑउट कैंडल पर हमे शेयर की खरीदारी और ब्रेकऑउट कैंडल के लो पर स्टॉप-लॉस रखना चाहिए । वही, ट्रिपल बॉटम और स्विंग हाई की रेंज को टारगेट मानना चाहिए ।

8.हेड एंड सोल्डर Head and Shoulder

हेड एंड सोल्डर पेटर्न एक रिवर्सल पेटर्न है, जो यह बताता है कि शेयर में आई तेजी अब गिरावट में तब्दील होगी । वही , अगर शेयर में गिरावट का दौर चल रहा है और अगर हेड एंड सोल्डर पेटर्न बनता है, तो फिर यह संकेत देता है कि अब शेयर के प्राइस में तेजी देखने को मिलेगी। शेयर के प्राइस चार्ट में यह पेटर्न अक्सर हमे देखने को मिलता है । ट्रेडर्स आम चार्ट पेटर्न की तुलना में इसे काफी विश्वसनीय मानते हैं।

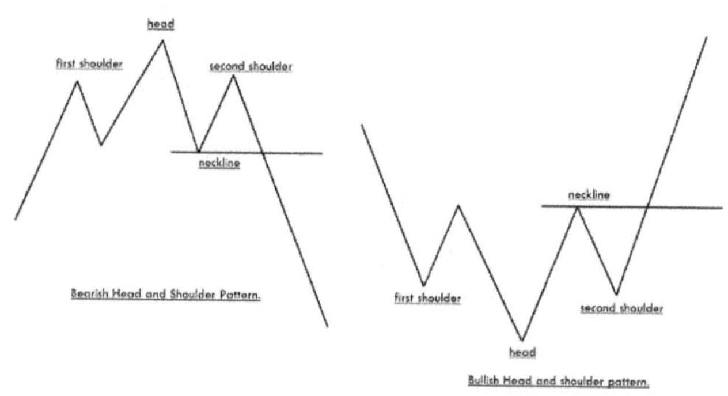

हेड एंड सोल्डर, (चित्र 6.22)

a.हेड एंड सोल्डर Head and Shoulder

स्टॉक के चार्ट में हेड एंड सोल्डर पेटर्न भी काफी देखने को मिलता है । जैसा इसका नाम है, उसके मुताबिक चार्ट में प्राइस तेजी के साथ चढ़ता

और एक पाइंट बनाने के बाद गिर जाता है , जो सोल्डर जैसे दिखाता है, जिसे लेफ्ट सोल्डर भी कहते, इसके बाद प्राइस में जब तेजी आती है, तो यह पिछली बार की तुलना से ज्यादा तेज रहता है और एक पाइंट बनाता है। बाद में यह नीचे लुढ़क जाता है , इसके बाद जो रुपरेखा बनती है, वह हेड जैसी दिखाई पड़ती है । वही, इसके बाद फिर शेयर के प्राइस तेजी आती है । लेकिन, इसमे जो मूवमेंट आती है, वह अपने पिछले प्राइस के हाई पाइंट को नहीं छू पाता और फिर नीचे आ जाती है और जो आकृति बनती है , वह राइट सोल्डर कहलाता है । प्राइस के तेजी और गिरावट के मूवमेंट के बाद हमे हेड एंड सोल्डर पेटर्न देखने को मिलता है । यह एक Reversal price pattern है। पेटर्न के निर्माण के दौरान सिर के अगल-बगल, जो सोल्डर बनते हैं, वह एक स्विंग लो यानि एक सपोर्ट की रुपरेखा लिए रहते हैं, जिसे निकलाइन भी कहा जाता है । जब शेयर का प्राइस स्विंग के लो यानि निकलाइन ब्रेक करता है, तो शेयर में गिरावट दिखती है। इसके बाद शार्ट सेल की एंट्री देखने को मिलती है।

कैसे ट्रेड करें ?

खरीदारी- जब शेयर प्राइस स्विंग लो,सपोर्ट यानि निकलाइन को ब्रेक करें तो शेयर में Sell की एंट्री लेनी चाहिए।

स्टॉप-लॉस- निकलाइन या सपोर्ट के ऊपर स्टॉप-लॉस रखना चाहिए ।

टारगेट- हेड एंड सोल्डर पेटर्न की रेंज या फिर कहे हाई को टारगेट मानना चाहिए ।

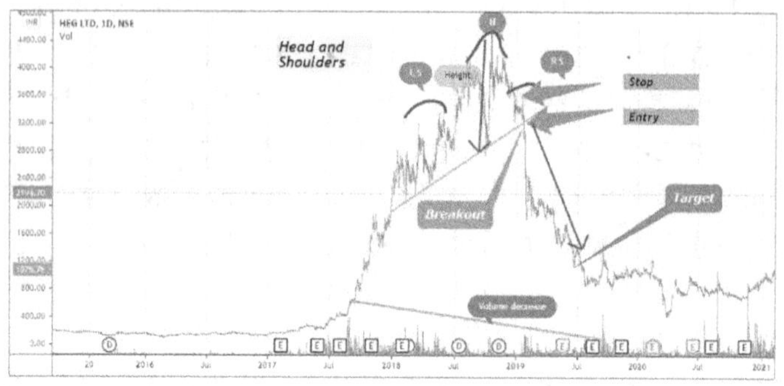

एचईजी लिमिटेड के एक दिन के चार्ट पर हेड एंड सोल्डर पेटर्न,
(चित्र 6.23)

तस्वीर (चित्र 6.23) में आप हेड एंड सोल्डर पेटर्न का शानदार उदाहरण Heg Ltd के एक दिन के चार्ट में देख सकते हैं । इसमे प्राइस की तेजी के दौरान हेड एंड सोल्डर पेटर्न बना हुआ है। इसके निकलाइन के ब्रेक करने के बाद शार्ट सेल की एंट्री ली गई है। वही, निकलाइन के ऊपर स्टॉप-लॉस रखा गया है। जबकि, हेड एंड सोल्डर पेटर्न की रेंज को टारगेट माना गया है ।

b.रिवर्स हेड एंड सोल्डर Reverse Head and Shoulder

रिवर्स हेड एंड सोल्डर पेटर्न भी हेड एंड सोल्डर पेटर्न की तरह है, लेकिन यह शेयर की तेजी से गिरावट के दौरान बनता है । यह एक Bullish Reversal पेटर्न है । शेयर के प्राइस जब गिरावट के दौर में रहता है, तो वह एक तेजी से पुल बेक करता एक प्राइस पाइंट बनाता है । जो लेफ्ट सोल्डर जैसा लगता है । इसके बाद शेयर का प्राइस में एकबार फिर तेजी से गिरावट आती है, जो पिछली बार की तुलना में ज्यादा होता, लेकिन, इसके बाद फिर शेयर चढ़ने की कोशिश करती है । इस दौरान जो रुपरेखा बनती है, वह हेड जैसी दिखती है । इस मूवमेंट के बाद सेलर्स एकबार फिर शेयर के प्राइस में गिरावट लाते है,लेकिन

यह पिछली बार की तुलना में कम होती है । इसके बाद शेयर में बायर्स हावी होकर प्राइस में तेजी से ऊपर ले जाते है । जो राइट सोल्डर की तरह दिखता है । यह बायर्स और सेलर्स के बीच खींचतान के चलते ही रिवर्स हेड एंड सोल्डर पेटर्न बनता है । जिसमे लेफ्ट और राइट सोल्डर बनते हैं, जो Resistence का निर्माण करते हैं, जिसे निकलाइन भी कहा जाता है । इसके ब्रेक करने के बाद शेयर में तेजी का मूवमेंट देखने को मिलता है । ट्रेडर्स शेयर में खरीदारी का सही मौका इसे मानते हैं ।

कैसे ट्रेड करें ?

खरीदारी- जब शेयर प्राइस रेजिस्टेंस, स्विंग हाई या निकलाइन को ब्रेक करें तो फिर शेयर Buy करनी चाहिए ।

स्टॉप-लॉस- निकलाइन या रेजिस्टेंस के नीचे स्टॉप-लॉस रखना चाहिए ।

टारगेट- रिवर्स हेड एंड सोल्डर पेटर्न की रेंज या फिर कहे हाई को टारगेट मानना चाहिए ।

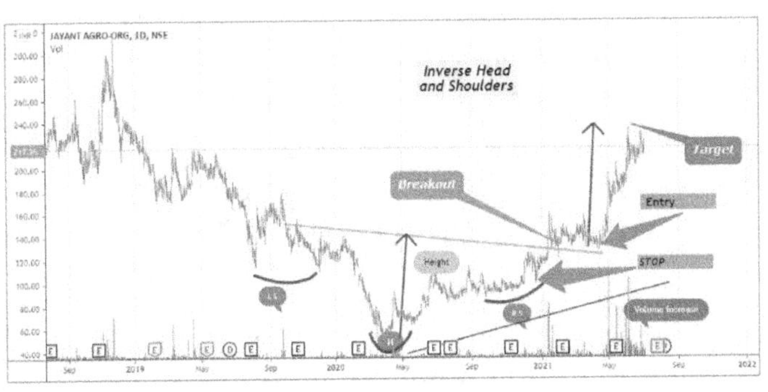

जयंत एग्रो के एक दिन के चार्ट पर रिवर्स हेड एंड सोल्डर पेटर्न,
(चित्र 6.24)

तस्वीर (चित्र 6.24) में आप रिवर्स हेड एंड सोल्डर पेटर्न का उदाहरण Jayant Agro Ltd के एक दिन के चार्ट में साफ-साफ देख

सकते हैं । इसमे शेयर प्राइस की गिरावट के दौरान रिवर्स हेड एंड सोल्डर पेटर्न बनता है । आप देख सकते है, जब रेजिस्टेंस लाइन या निकलाइन को प्राइस ब्रेक करता है, तो फिर शेयर में Buy की एंट्री ली जाती है । वही, निकलाइन के नीचे स्टॉप-लास रखा जाता है । रिवर्स हेड एंड सोल्डर पेटर्न की जो रेंज बनती है। वह ट्रेड का टारगेट रहता है ।

9.चैनल पेटर्न Channel Pattern

चैनल पेटर्न में शेयर के प्राइस चार्ट में दिखने वाला एक आम पेटर्न है, जो अक्सर चार्ट में बनते हुए दिख जाता है। इसे प्राइस चैनल भी कहा जाता है । चैनल पेटर्न शेयर की तेजी, गिरावट और स्थिर तीनों स्थिति में बनती है । जब यह शेयर की तेजी के दौरान बनता है, तो इसे बुलिश चैनल कहते हैं, वही, जब यह शेयर की गिरावट में बनता है, तो इसे बियरिस चैनल कहते हैं । इन दोनों के अलावा , जब जब शेयर में कोई मूवमेंट नहीं होती है, या फिर कहे स्थिर रहता है, तब हॉरिजेंटल चैनल बनता है।

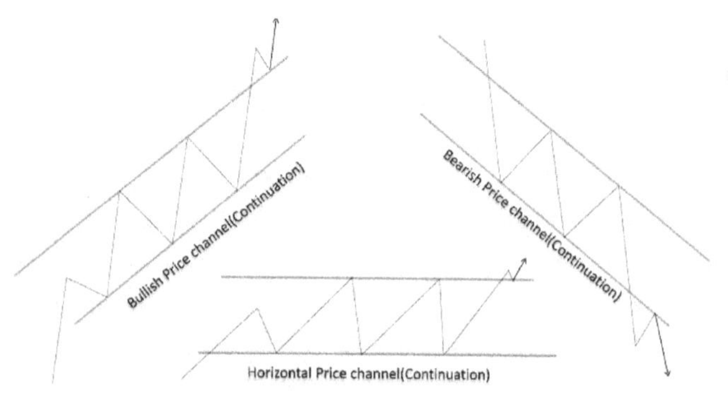

चैनल पेटर्न, (चित्र 6.25)

a.बुलिश चैनल Bullish Channel

स्टॉक के प्राइस चार्ट में बुलिश चैनल हमें अक्सर देखने को मिलता है । यह पेटर्न स्टॉक के चढ़ने के दौरान बनता है या फिर कहें कि यह Uptrend के दौरान देखने को मिलता है। यह एक Continuation पेटर्न है। इस पेटर्न में स्टॉक के प्राइस का मूवमेंट चैनल के अंदर ही देखने को मिलता है । इस चैनल का निर्माण Upper Trendline और Lower Trendline के सहयोग से बनता है। अगर प्राइस Upper Trendline को ब्रेक करता है, तो फिर शेयर में काफी तेजी दिखती है और ट्रेडर खरीदारी करते है। वही, प्राइस के Lower Trendline के ब्रेक करने के बाद ट्रेडर्स सेल की एंट्री शेयर में लेते हैं।

कैसे ट्रेड करें ?

खरीदारी- अगर प्राइस चैनल के ऊपर ब्रेक करता है, तो फिर शेयर को Buy करनी चाहिए। अगर प्राइस चैनल के नीचे ब्रेक करता है, तो फिर शेयर में Sell की एंट्री लेनी चाहिए।

स्टॉप-लॉस- अगर हम खरीदारी कर रहे हैं, तो ब्रेकऑउट कैंडल के लो को स्टॉप-लॉस मानना चाहिए। वही, अगर शॉर्ट सेल कर रहें है, तो फिर ब्रेकडाउन कैंडल के हाई को स्टॉप-लॉस आंकना चाहिए।

टारगेट- चैनल की रेंज या फिर कहे गहराई को टारगेट मानना चाहिए।

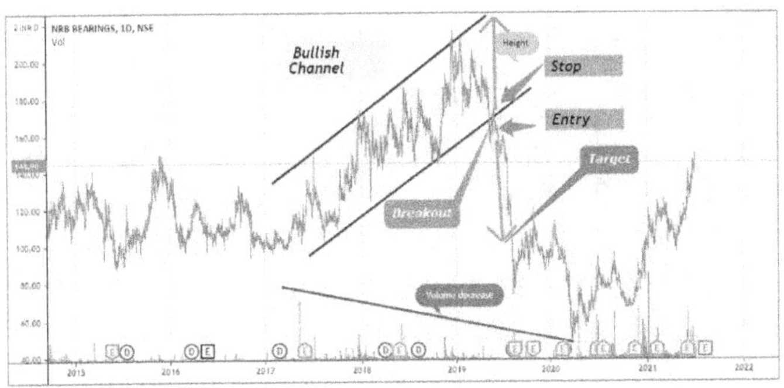

एनआरबी बियरिंग लिमिटेड के एक दिन के चार्ट पर बुलिश चैनल पेटर्न, (चित्र 6.26)

आप तस्वीर (चित्र 6.26) में बुलिश चैनल पेटर्न का उदाहरण Nrb Bearing Ltd के एक दिन के चार्ट में देख सकते हैं , जिसमें चैनल Lower Trendline के ब्रेक करने पर शॉर्ट सेल की इंट्री बन रही है। जिसमें ब्रेकडॉउन कैंडल के हाई को स्टॉप-लॉस रखा गया है। जबकि, चैनल की रेंज को टारगेट माना गया है ।

b.बियरिस चैनल Bearish Channel

स्टॉक के प्राइस चार्ट में बियरिस चैनल भी हमें अक्सर देखने को मिलता है । यह पेटर्न स्टॉक के गिरावट के दौरान बनता है या फिर कहें कि यह Downtrend के दौरान देखने को मिलता है। यह एक Continuation पेटर्न है। इस पेटर्न में स्टॉक के प्राइस का मूवमेंट चैनल के अंदर ही देखने को मिलता है । इस चैनल का निर्माण Upper Trendline और Lower Trendline के सहयोग से बनता है। अगर प्राइस Upper Trendline को ब्रेक करता है, तो यह माना जाता है कि स्टॉक में Downtrend का दौर खत्म हो गया । इसके बाद ट्रेडर शेयर में खरीदारी करते हैं , जिसमे काफी तेजी दिखने को मिलती है । वही, प्राइस के Lower Trendline के ब्रेक करने के बाद ट्रेडर्स सेल की इंट्री शेयर में लेते हैं।

कैसे ट्रेड करें ?

खरीदारी- अगर प्राइस चैनल के ऊपर ब्रेक करता है, तो फिर शेयर में Buy की एंट्री लेनी चाहिए । अगर प्राइस चैनल के नीचे ब्रेक करता है, तो फिर Sell की एंट्री लेनी चाहिए।

स्टॉप-लॉस- अगर हम खरीदारी कर रहे हैं, तो ब्रेकऑउट कैंडल के लो को स्टॉप-लॉस मानना चाहिए। वही, अगर शॉर्ट सेल कर रहें है, तो फिर ब्रेकडॉउन कैंडल के हाई को स्टॉप-लॉस आंकना चाहिए।

टारगेट- चैनल की रेंज या फिर कहे गहराई को टारगेट मानना चाहिए।

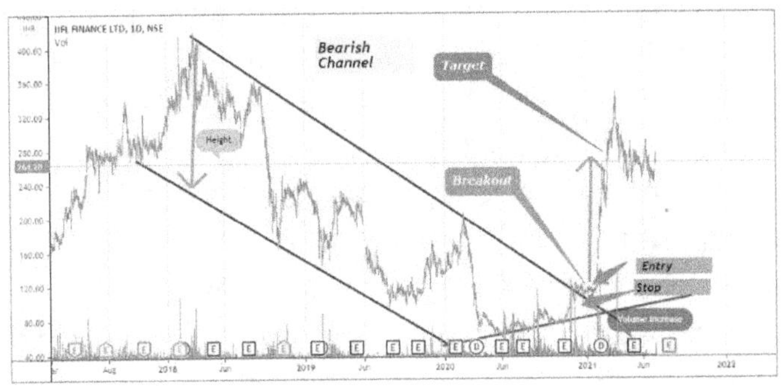

आईआईएफएल फाइनेंस के एक दिन के चार्ट पर बियरिस चैनल पेटर्न, (चित्र 6.27)

तस्वीर (चित्र 6.27) में आप बियरिस चैनल पेटर्न का उदाहरण IIFL Finance Ltd के एक दिन के चार्ट में देख सकते हैं। जिसमे चैनल के Upper Trendline को ब्रेक करने पर खरीदारी को दिखाया गया है । वही, स्टॉप लॉस ब्रेकऑउट कैंडल के लो को माना गया है। जबकि, चैनल की रेंज को टारगेट माना गया है।

c.हरिजेंटल चैनल Horizontal Channel

स्टॉक चार्ट में हॉरिजेंटल चैनल का पेटर्न तब दिखाई पड़ता है, जब स्टॉक में कोई हलचल नहीं होती है या फिर कहे Consolidation Phase में होता है । इसमे प्राइस का मूवमेंट चैनल के अंदर ही एक रेंज में होता है । इसमे Upper Trendline और Lower Trendline बने होते है, जिसके अंदर स्टॉक प्राइस अप और डाउन करता है। हॉरिजेंटल चैनल यह भी दिखाता है कि स्टॉक में Demand और Supply बराबर है । दूसरे शब्दों में कहें तो बायर्स और सेलर्स के बीच बराबर की जंग चलती है। अगर प्राइस चैनल के ऊपर ब्रेक करता है, तो शेयर में तेजी देखने को मिलती है और ट्रेडर्स इसमे खरीदारी करते हैं। वही, चैनल के नीचे प्राइस ब्रेक करता है, तो शेयर में गिरावट होती है और इसमे शॉर्ट सेल की

पोजिशन बनायी जाती है ।

कैसे ट्रेड करें ?

खरीदारी- अगर प्राइस चैनल के ऊपर ब्रेक करता है, तो फिर शेयर में Buy की एंट्री लेनी चाहिए । अगर प्राइस चैनल के नीचे ब्रेक करता है, तो फिर Sell की एंट्री लेनी चाहिए।

स्टॉप-लॉस- अगर हम खरीदारी कर रहे हैं, तो ब्रेकऑउट कैंडल के लो को स्टॉप-लॉस मानना चाहिए। वही, अगर शॉर्ट सेल कर रहें है, तो फिर ब्रेकडॉउन कैंडल के हाई को स्टॉप-लॉस आंकना चाहिए।

टारगेट- चैनल की रेंज या फिर कहे गहराई को टारगेट मानना चाहिए।

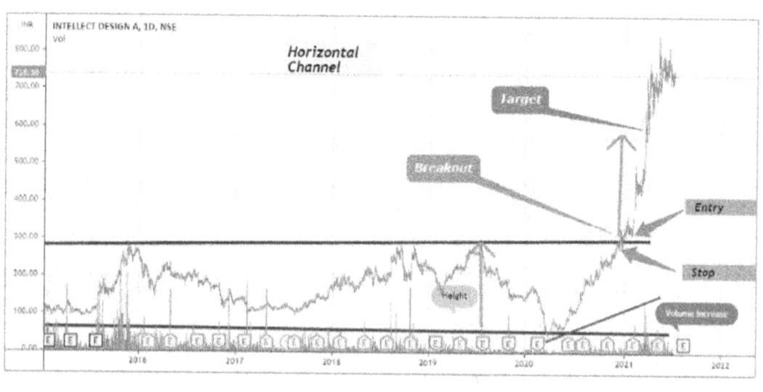

इनटेलेक्ट डिजाइन लिमिटेड के एक दिन के चार्ट पर हॉरिजेनटल पेटर्न, (चित्र 6.28)

तस्वीर (चित्र 6.28) में आप हॉरिजेनटल पेटर्न का उदाहरण Intellect Design Ltd के एक दिन के चार्ट में देख सकते हैं । जिसमे चैनल के Upper Trendline को ब्रेक करने पर खरीदारी को दिखाया गया है । वही, स्टॉप लॉस ब्रेकऑउट कैंडल के लो को माना गया है । जबकि, चैनल की रेंज या Height को टारगेट रखा गया है ।

10.डायमंड पेटर्न Diamond Pattern

डायमंड चार्ट पेटर्न शेयर के प्राइस चार्ट में बहुत ही कम दिखाई पड़ता है। यह भी एक रिवर्सल चार्ट पेटर्न है । जैसा की नाम है, उसके मुताबिक स्टॉक चार्ट में डायमंड जैसी आकृति बनती है । जो शेयर की तेजी और गिरावट दोनों वक्त पर बनता है । डायमंड पेटर्न , हेड एंड सोल्डर पेटर्न से मिलता-जुलता है ।

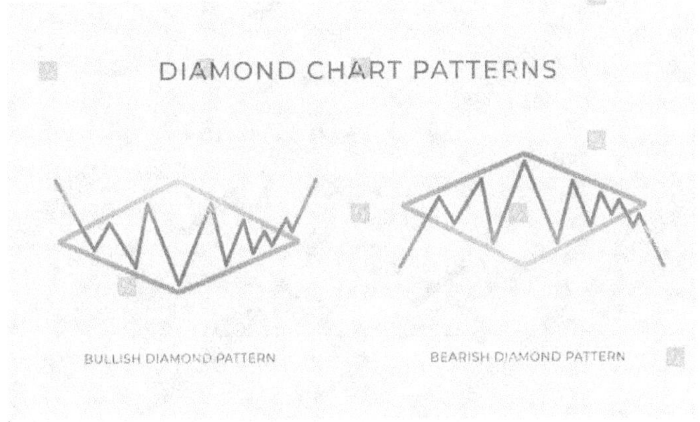

डायमंड पेटर्न, (चित्र 6.29)

a.बुलिश डायमंड Bullish Diamond

शेयर के गिरावट के दौरान बुलिश डायमंड पेटर्न बनता है, जो की कभी-कभी या फिर कहे दुर्लभ ही बनता है । इसे डायमंड बॉटम भी कहा जाता है । यह बिल्कुल इनवरटेड हेंड एंड सोल्डर की तरह दिखाई पड़ता है । इसमे प्राइस इनवर्टेड हेंड एंड सोल्डर की तरह मूवमेंट कर बनती है , अगर इसके ऊपर और नीचे Trendline खींचे तो यह डायमंड जैसी दिखती है , इसके अंदर प्राइस जिग-जेग करते दिखता है । अगर प्राइस डायमंड पेटर्न के ऊपर ब्रेक करती है, तो फिर शेयर में काफी तेजी देखने को मिलती है और ट्रेडर शेयर की खरीदारी करते हैं ।

कैसे ट्रेड करें ?

खरीदारी – डायमंड पेटर्न के ब्रेक करने पर शेयर को Buy करनी चाहिए ।

स्टॉप-लॉस- ब्रेकऑउट कैंडल के लो को स्टॉप-लॉस मानना चाहिए ।

टारगेट- डायमंड पेटर्न में जो स्विंग हाई और स्विंग लो की, जो रेंज बनती है। उसे ही टारगेट मानना चाहिए।

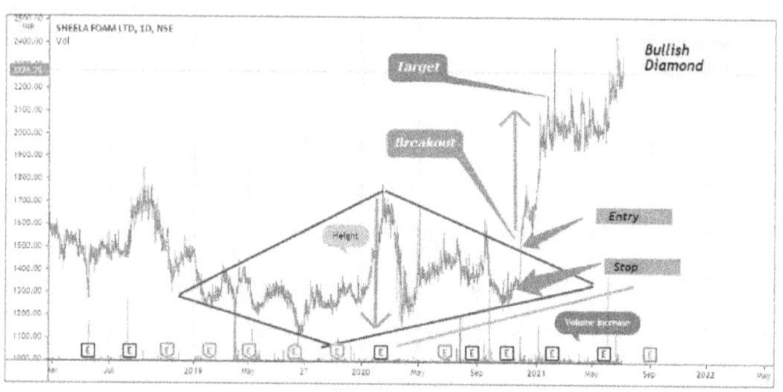

शीला फोम के एक दिन के चार्ट पर बुलिश डायमंड पेटर्न, (चित्र 6.30)

तस्वीर (चित्र 6.30) में बुलिश डायमंड पेटर्न का उदाहरण Sheela Foam Ltd के एक दिन के चार्ट में देख सकते हैं । आप देख सकते है कि, जब प्राइस पेटर्न को ब्रेक करता है, तो इसमे खरीदारी की जाती है । वही, ब्रेकऑउट कैंडल के लो को स्टॉप-लॉस रखा गया है । डायमंड पेटर्न में जो स्विंग हाई और स्विंग लो या फिर कहे जो रेंज या Height बनती है । उसे ही टारगेट मानना चाहिए ।

b.बियरिस डायमंड Bearish Diamond

शेयर के तेजी दौरान बियरिस डायमंड पेटर्न बनता है, यह भी काफी कम चार्ट में बनता हुआ दिखाई देता है । जो की कभी-कभी ही देखने को मिलता है । यह बुलिश डायमंड पेटर्न के ठीक उल्टा होता है । यह भी बिल्कुल हेड एंड सोल्डर की तरह दिखाई पड़ता है । इसमे जो प्राइस

बनती है , वह हैंड एंड सोल्डर की तरह मूवमेंट कर बनती है, अगर इसके ऊपर और नीचे Trendline खींचे तो यह डायमंड जैसी रुपरेखा लिए हुए दिखाई पड़ती है , इसके अंदर ही प्राइस जिग-जेग करते दिखाई देता है । इसमें प्राइस डायमंड पेटर्न के नीचे ब्रेक करती है, तो फिर शेयर में काफी तेजी से गिरावट देखने को मिलती है और ट्रेडर शेयर में शॉर्ट सेल की एंट्री बनाते हैं ।

कैसे ट्रेड करें ?

खरीदारी – इसमें डायमंड पेटर्न के नीचे प्राइस ब्रेक करता है, तब Sell की एंट्री बनानी चाहिए।

स्टॉप-लॉस- ब्रेकडॉउन कैंडल के हाई को स्टॉप-लॉस मानना चाहिए ।

टारगेट- डायमंड पेटर्न में जो स्विंग हाई और स्विंग लो की, जो रेंज बनती है। उसे ही टारगेट मानना चाहिए।

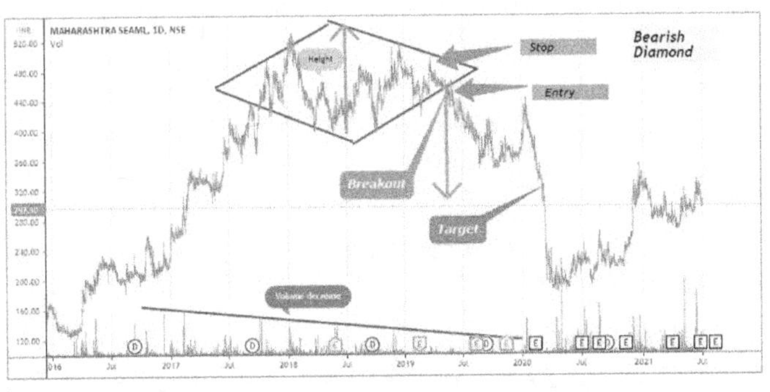

महाराष्ट्रा शिमल के एक दिन के चार्ट पर बियरिस डायमंड पेटर्न, (चित्र 6.31)

तस्वीर (चित्र 6.31) में बियरिस डायमंड पेटर्न का उदाहरण Maharastra Seaml Ltd के एक दिन के चार्ट में देख सकते हैं । आप देख सकते है कि, जब प्राइस पेटर्न के नीचे ब्रेक करता है, तो इसमे शॉर्ट

सेल की एंट्री ली गई । वही, ब्रेकडॉउन कैंडल के हाई को स्टॉप-लॉस रखा गया है । बियरिस डायमंड पेटर्न में जो स्विंग हाई और स्विंग लो या फिर कहे जो रेंज यह Height बनती है । उसे ही टारगेट मानना चाहिए ।

11.मेगाफोन पेटर्न Megaphone Pattern

मेगाफोन चार्ट पेटर्न भी एक दुर्लभ चार्ट पेटर्न है , जो बेहद ही कम शेयर के चार्ट में दिखाई देता है। इसे Broadening पेटर्न भी कहते हैं। जैसा की नाम है, उसके मुताबिक यह बिल्कुल मेगाफोन की तरह इसकी रुपरेखा दिखाई पड़ती है । यह चार्ट पेटर्न Reversal और Continuous दोनों होता है । यह शेयर की तेजी और गिरावट दोनों वक्त पर बनता दिखाई पड़ता है । स्टॉक चार्ट में बुलिश और बियरिस मेगाफोन पेटर्न बनता है ।

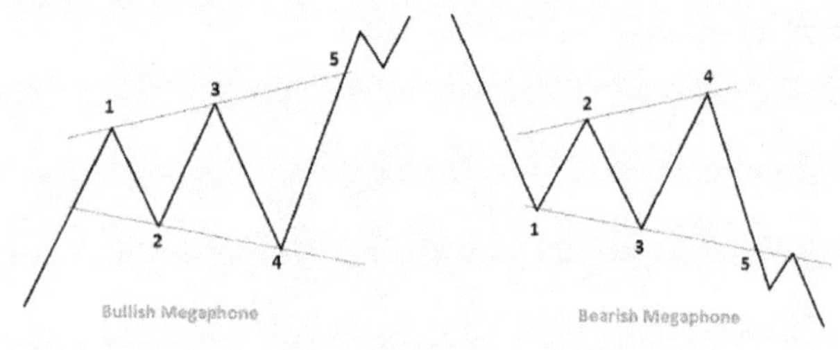

मेगाफोन पेटर्न, (चित्र 6.32)

a.बुलिश मेगाफोन Bullish Megaphone

बुलिश मेगाफोन पेटर्न स्टॉक चार्ट में बेहद कम देखने को मिलता है । इसमे देखा गया है कि मेगाफोन पेटर्न पांच अलग-अलग स्विंग के निर्माण से बनता है । इसमे चार्ट में कम से कम दो Higher High और दो Lower Low बनाती है । इसके के अंदर ही प्राइस मूवमेंट करती है, जो बिल्कुल मेगाफोन की तरह दिखाई पड़ता है । अगर शेयर का प्राइस मेगाफोन को ऊपर की तरफ ब्रेक करता है, तो ट्रेडर शेयर में खरीदारी करते हैं। जिसके बाद अक्सर शेयर के प्राइस में तेजी दिखाई पड़ती है ।

कैसे ट्रेड करें ?

खरीदारी – मेगाफोन पेटर्न के ब्रेक करने पर शेयर को Buy करनी चाहिए ।

स्टॉप-लॉस- स्विंग लो या ब्रेकऑउट कैंडल के लो को स्टॉप-लॉस मानना चाहिए ।

टारगेट- मेगाफोन पेटर्न की जो हाई या रेंज बनती है, उसे ही टारगेट मानना चाहिए ।

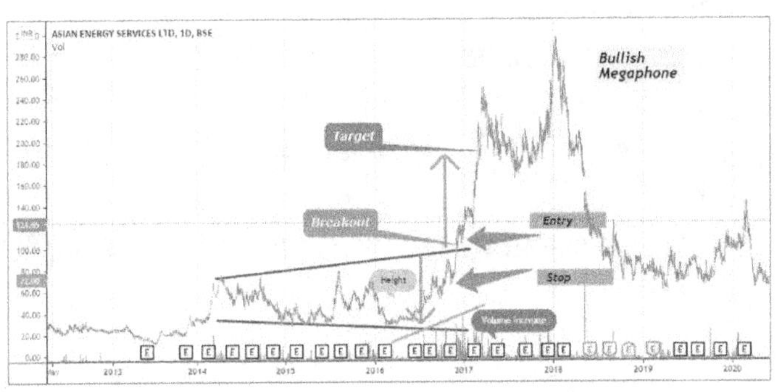

एशियन एनर्जी के एक दिन के चार्ट पर बुलिश मेगाफोन पेटर्न,
(चित्र 6.33)

तस्वीर (चित्र 6.33) में बुलिश मेगाफोन पेटर्न का उदाहरण देख सकते हैं, जो Asian Energy Ltd के एक दिन के चार्ट में बनी हुई है । जब प्राइस मेगाफोन को ब्रेक करता है, तब इसमे खरीदारी की गई है । वही, ब्रेकऑउट कैंडल के लो को स्टॉप-लॉस माना गया है । जबकि, मेगाफोन पेटर्न के हाई या फिर कहे रेंज या Height को टारगेट रखा गया है।

b.बियरिस मेगाफोन Bearish Megaphone

बियरिस मेगाफन पेटर्न भी स्टॉक चार्ट में कम ही देखने को मिलता है । यह बुलिश मेगाफोन के बिल्कुल उल्टा होता है । इसमे देखा गया

है कि बियरिस मेगाफोन पेटर्न पांच अलग-अलग स्विंग के निर्माण से बनता है । जिसमें कम से कम दो Higher High और दो Lower Low बनाती है । जिसके बाद यह मेगाफोन की तरह दिखने लगता है । इसके अंदर ही प्राइस की मूवमेंट होती है । अक्सर देखा गया है कि यह पेटर्न मार्केट में काफी Volatile समय पर बनता है । इसमे ट्रेडर्स मार्केट की दिशा को भांप नहीं पाते हैं । यह टॉप और बॉटम दोनों में बनता हुआ दिखाई पड़ता है । इसमे मेगाफोन पेटर्न को जब प्राइस ब्रेकडॉउन करता है, तब ट्रेडर शॉर्ट सेल की इंट्री लेते हैं

कैसे ट्रेड करें ?

खरीदारी – मेगाफोन पेटर्न के ब्रेकडॉउन करने पर शेयर में Sell की एंट्री लेनी चाहिए ।

स्टॉप-लॉस- स्विंग हाई या ब्रेकडॉउन कैंडल के हाई को स्टॉप-लॉस मानना चाहिए ।

टारगेट- मेगाफोन पेटर्न की जो हाई या रेंज बनती है, उसे ही टारगेट मानना चाहिए ।

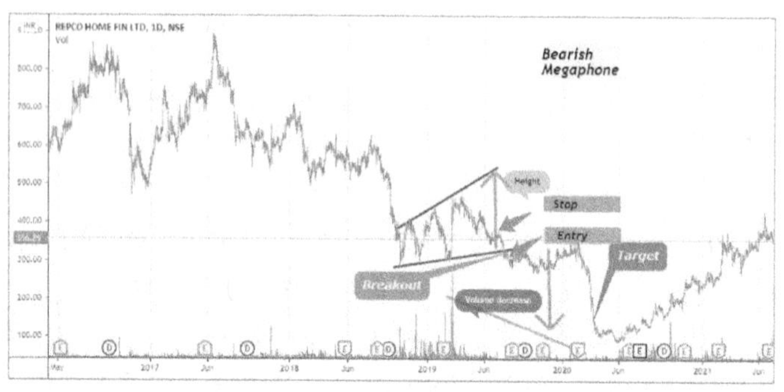

रेपको होम के एक दिन के चार्ट पर मेगाफोन पेटर्न, (चित्र 6.34)

तस्वीर (चित्र 6.34) में बियरिस मेगाफोन पेटर्न का उदाहरण देख सकते हैं, जो Repco Home Fin Ltd के एक दिन के चार्ट में बनी हुई

है । जब प्राइस मेगाफोन को ब्रेकडॉउन करता है, तब इसमे शॉर्ट सेल की गई है । वही, ब्रेकडॉउन कैंडल के हाई को स्टॉप-लॉस माना गया है । जबकि, मेगाफोन पेटर्न के हाई या फिर कहे रेंज या Height को टारगेट रखा गया है।

इस चैप्टर में आप 11 चार्ट पेटर्न को आपने सीखा, जो बिल्कुल आसानी से बताया गया है । अगर आप एक पेटर्न में ही विशेषज्ञता हासिल कर लेते हैं, तो फिर शेयर बाजर में आपके मुनाफा कमाने की संभावना बढ़ जायेगी ।

7

पेटर्न के उदाहरण

"पैसा कमाने की बजाय कितना गांवने वाला हूँ इस पर मैं हमेशा सोचता हूं" पॉल टुडर जॉन्स

एक शेयर के चार्ट में कितने तरह के पेटर्न बनते हैं, आप नीचे दिए गये उदाहरण से समझ सकते है, जिसमे दिखाया गया है, कि एक ही चार्ट में कई अलग-अलग पेटर्न का निर्माण हुआ है । इन उदाहरण के जरिए आप पेटर्न को अच्छी तरह से समझ सकते हैं । जो शेयर बाजार में ट्रेडिंग करने में काफी मददगार साबित होगी।

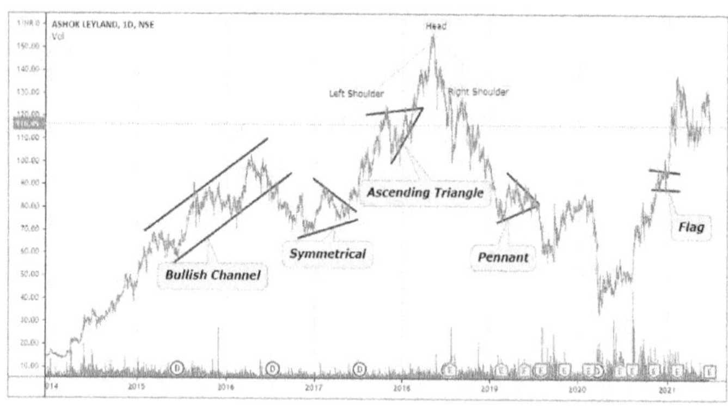

अशोक लिलैंड का एक दिन का चार्ट , (चित्र 7.1)

तस्वीर (चित्र 7.1) में Ashok Leyland का 1 दिन का चार्ट है, जिसमे कई तरह के पेटर्न बने हुए है। जिसमे बुलिश चैनल, सिमेट्रिकल ट्रांयगल, एसेंडिंग ट्रांयगल, हेड इन सोल्डर, बियर पिनेट और बुल फ्लैग बना हुआ है । इससे हम समझ सकते हैं कि एक ही शेयर के चार्ट में कितने तरह के चार्ट पेटर्न बनते हैं और हमे ट्रेडिंग के कई मौके मिलते हैं।

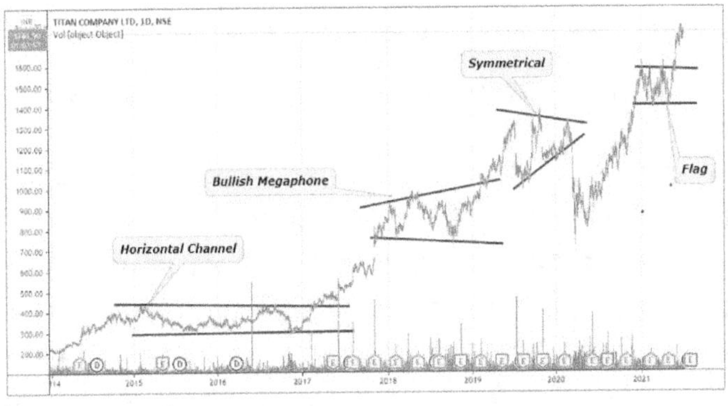

टाइटन कंपनी का एक दिन का चार्ट, (चित्र 7.2)

तस्वीर (चित्र 7.2) में Titan Company Ltd का एक दिन का चार्ट है, जिसमे कई तरह के चार्ट पेटर्न शेयर की तेजी के दौरान बनें हुए है । आप देख सकते है, इस शेयर के चार्ट में हरिजेंटल चैनल, बुलिश मेगाफोन, सिमेट्रिकल ट्रांयगल और बुल फ्लैग पेटर्न बना हुआ है ।

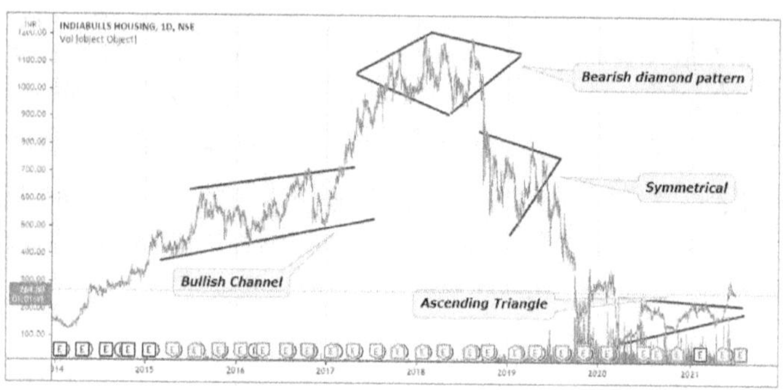

इंडियाबुल्स हाउसिंग का एक दिन का चार्ट, (चित्र 7.3)

तस्वीर (चित्र 7.3) में Indiabulls Housing का एक दिन का चार्ट है, जिसमें कई तरह के चार्ट शेयर की तेजी और गिरावट के दौरान बनें हुए हैं। तेजी के दौरान बुलिश चैनल पेटर्न बना है, वही टॉप पर बियरिस डायमंड पेटर्न बना है, इसके साथ ही गिरावट के दौरान सिमेट्रिकल और एसेंडिंग ट्रायंगल पेटर्न को भी देख सकते हैं । इस शेयर के चार्ट में हमे यह समझने में आसानी होगी की , कब हमें शेयर में Buy और Sell की पोजिशन ट्रेड के दौरान बनानी चाहिए ।

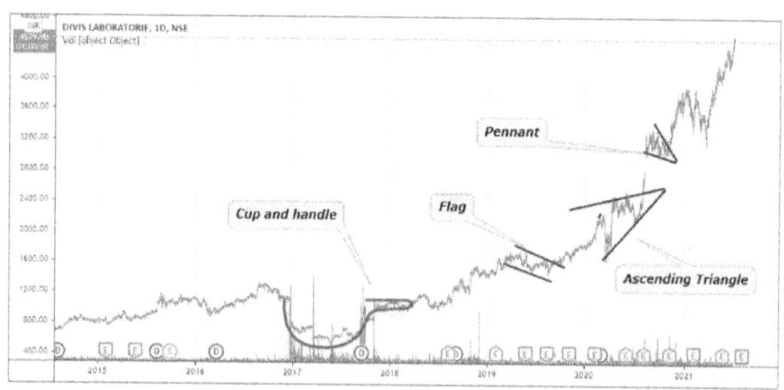

डिविस लेब्रोटरीज के एक दिन का चार्ट, (चित्र 7.4)

तस्वीर(चित्र 7.4) में Divis Laboratorie का एक दिन का चार्ट दिखाया गया है । इस शेयर में तेजी के दौरान कप और हैंडल, बुलिश फ्लैग, एसेंडिंग ट्रांयगल और पिनेट पेटर्न बनें हुए हैं। आप इसे समझ सकते हैं और कब-कब ट्रेड के अवसर मिलें हैं ।

8

खरीदारी, स्टॉप-लॉस और टारगेट

"हमलोग ऐसे कारोबार से जुड़ें हैं, जहां गलतियां होते रहती हैं. लेकिन एक विजेता कम गलतियां करता हैं, वही हारनेवाला ज्यादा गलतियां करता है" नेड डेविस

नीचे दिए गए अलग-अलग चार्ट पेटर्न के उदाहरण दिए गये हैं, जिसमे कब खरीदारी करनी चाहिए, कहां स्टॉप लॉस रखना चाहिए और कहां टारगेट रखा जाना चाहिए ये बताया गया है । इससे आपको ट्रेड करने के दौरन काफी सहायता मिलेगी ।

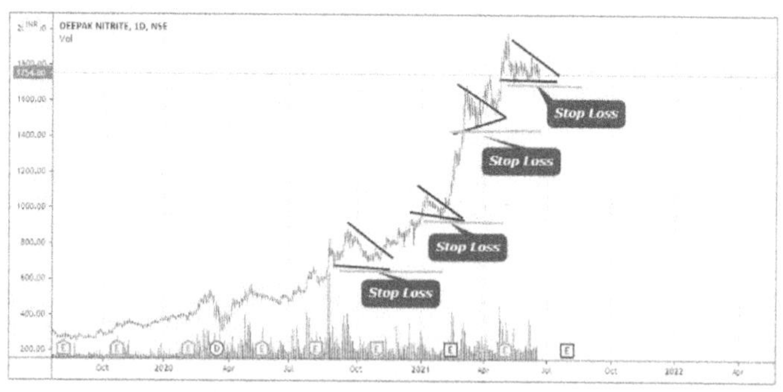

दीपक नाइट्रेट के एक दिन का चार्ट, (चित्र 8.1)

तस्वीर (चित्र 8.1) में Deepak Nitrite के एक दिन का चार्ट है, जिसमे तेजी है, इस दौरान बुल पिनेट पेटर्न कई बार बना है। इसमे विशेषतौर पर दिखाया गया है कि हमे ट्रेड के दौरान कहां स्टॉप-लॉस रखना चाहिए ।

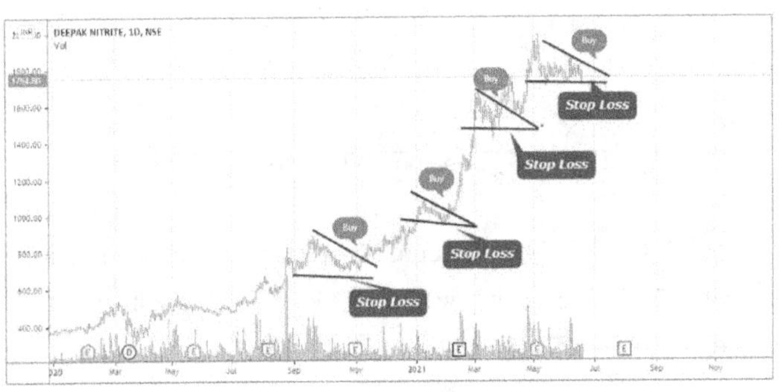

दीपक नाइट्रेट के एक दिन का चार्ट, (चित्र 8.2)

तस्वीर (चित्र 8.2) में Deepak Nitrite के एक दिन का चार्ट है। जिसमे दिखाया गया है कि स्टॉप-लॉस रखने के बाद, हमे कब शेयर की प्राइस में Buy की इंट्री लेनी चाहिए ।

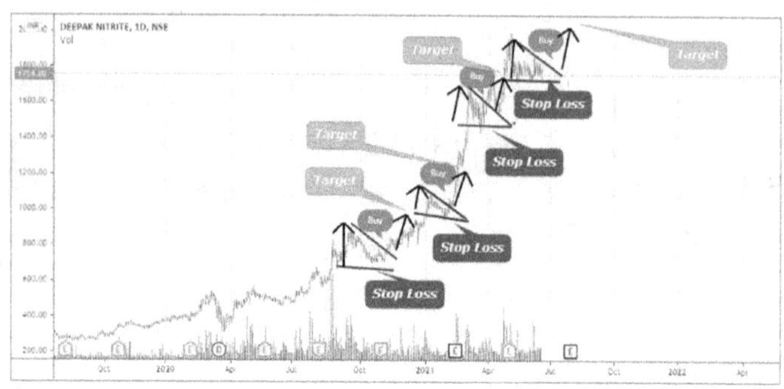

दीपक नाइट्रेट के एक दिन का चार्ट, (चित्र 8.3)

तस्वीर (चित्र 8.3) में Deepak Nitrite के एक दिन का चार्ट है। जिसमे स्टॉप-लॉस और Buy की इंट्री के बाद, हमे यह बताया गया है कि टारगेट कहां रखना चाहिए ।

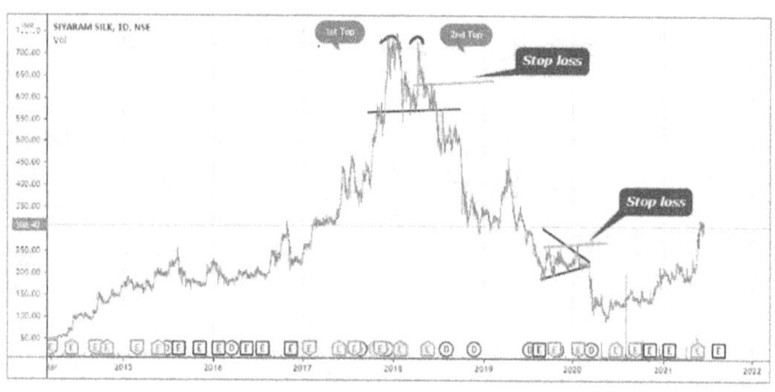

सियाराम सिल्क का एक दिन का चार्ट, (चित्र 8.4)

तस्वीर (चित्र 8.4) में Siyaram Silk के एक दिन का चार्ट है, जिसमे डबल टॉप और बियर पिनेट पेटर्न शेयर की गिरावट के दौरान बनें हुए हैं । इसमे यह दर्शाया गया है कि Sell की इंट्री लेन के दौरान हमें कहां स्टॉप-लॉस रखना चाहिए ।

सियाराम सिल्क का एक दिन का चार्ट, (चित्र 8.5)

तस्वीर (चित्र 8.5) में Siyaram Silk के एक दिन का चार्ट है । इसमे यह दर्शाया गया है कि स्टॉप-लॉस के बाद कब हमे Sell की एंट्री बनानी चाहिए ।

सियाराम सिल्क का एक दिन का चार्ट, (चित्र 8.6)

तस्वीर (चित्र 8.6) में Siyaram Silk के एक दिन का चार्ट है । इसमे स्टॉप-लॉस के बाद Sell की एंट्री दिखाई गई है और हमें कहां टारगेट रखना चाहिए, ये बताया गया है ।

9

ट्रेंड के साथ करें ट्रेडिंग

भाग-2 – ट्रेडिंग के नियम Rule of Trading

''मार्केट में पैसा कमाने के लाखों रास्ते हैं। लेकिन, विडंबना यह है कि उन सभी को खोजना कठीन है'' जैक श्वागेर

9. ट्रेंड के साथ करें ट्रेडिंग (Trade with Trend)

''अगर आप ट्रेडिंग के दौरान हानि उठा रहे हैं, और आप परेशान है । इसका एक आसान उपाय है आप ट्रेड से तुरंत निकल जाए'' पॉल टुडर जॉन्स

हमलोग अक्सर सुनते है कि ट्रेंड के साथ ट्रेडिंग करनी चाहिए, यानि बाजार का बहाव या रुख जिस तरफ हो उधर ही बह जाना चाहिए या फिर उधर का ही हो जाना चाहिए । हम ये भी सुनते है कि ट्रेंडर का दोस्त मार्केट का ट्रेंड ही, जो इसे पकड़ लेगा, वह प्रॉफिट का हकदार बन जायेगा । सबसे पहले ट्रेडर ट्रेंड को ही भांपते है कि आखिर स्टॉक, करंसी या कमोडिटी किस ट्रेंड में चल रहा है या फिर किस दिशा में वो जाने को बेकरार है । ट्रेंड किसी भी स्टॉक, करंसी, कमोडिटी का आंका जाता है । ट्रेडर इसी का पता लगाते है या फिर ट्रेंड आने का इंतजार करते हैं । ट्रेंड में ये देखने की जरुरत होती है कि स्टॉक्स, करंसी या कमोडिटी Uptrend, Downtrend या फिर Sideway मार्केट में है । कोशिश ये भी करनी

चाहिए की स्टॉक, करंसी या कमोडिटी को दिन, हफ्ते या महीने के चार्ट को देखा जाए की आखिर उसका ट्रेंड क्या है । और आगे क्या हो सकता है । एक समझदार और चतुर ट्रेंडर इसे बड़ी बारिकी नजर से देखते हैं इसके जरिए वो बाजार की चाल को जान जाते है और उन्हें अपने खरीद-बेच या मार्केट में ठहरने के फैसले लेने में आसानी होती है । एकबार ट्रेंड जानने के बाद ट्रेडर्स को अपने चार्ट पेटर्न पर काम करने में आसानी होती है, क्योंकि ट्रेंड जानने के बाद उन्हें सबकुछ आसान सा दिखने लगता है । उन्हें आगे दिक्कत महसूस नहीं होती है । ये बिल्कुल सच बात है कि मार्केट का ट्रेंड ही पैसा देता है , अगर हम इसे जान जाए, तो आपका काम बाजार में आसान हो जाएगा ।

चलिए विस्तारपूर्वक जानते है कि ट्रेंड क्या है और क्यों ये जरुरी होती है । अगर देखा जाए और समझा जाए तो इसे देखना बिल्कुल आसान है । आप नीचे दिए गये उदाहरण से देख सकते हैं ।

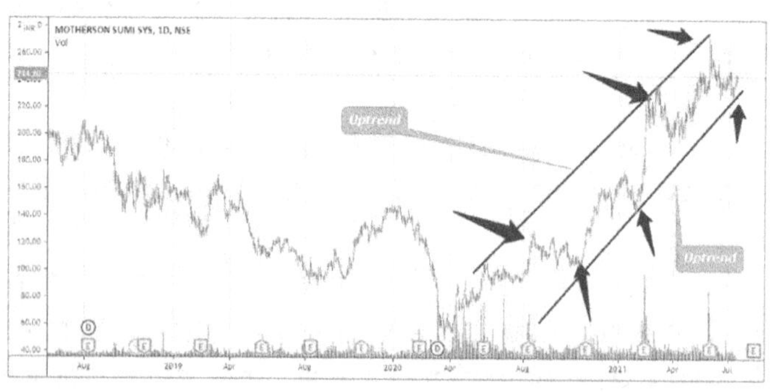

मदरसनसुमी का एक दिन का चार्ट अपट्रेंड में है, (चित्र 9.1)

तस्वीर (चित्र 9.1) में Motherson Sumi का एक दिन का चार्ट है , जिसमे शेयर के प्राइस में तेजी दिख रही है यानि हमें Uptrend में शेयर दिख रहा है । जहां हमे Buy की इंट्री पर ही सोचना चाहिए।

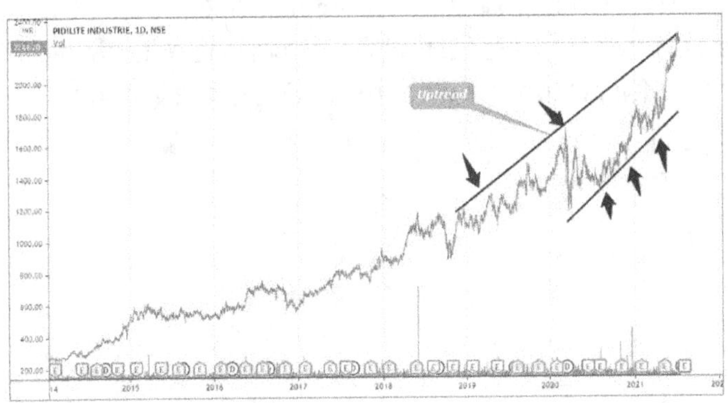

पिडिलाइट का एक दिन का चार्ट अपट्रेंड में है, (चित्र 9.2)

तस्वीर (चित्र 9.2) में Pidilite के एक दिन का चार्ट है , जिसमे शेयर का प्राइस में तेजी बढ़ता हुआ दिखाई दे रहा है । जो कि Uptrend में है । जहां हमे Buy की इंट्री पर ही विचार करना चाहिए ।

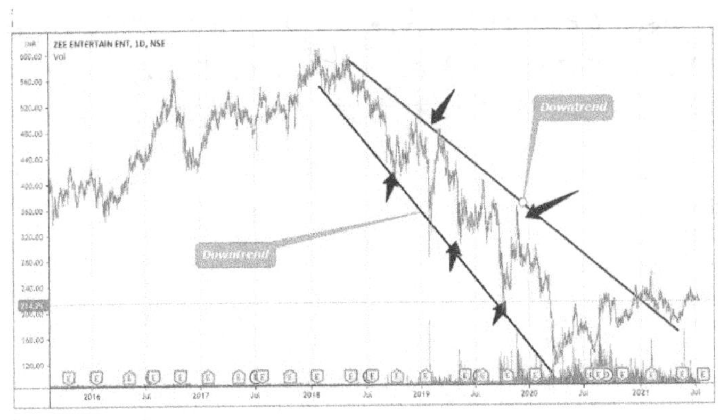

जी.एंटरटेनमेंट का एक दिन का चार्ट डाउनट्रेंड में है, (चित्र 9.3)

तस्वीर (चित्र 9.3) में Zee etertainment के एक दिन का चार्ट है, जिसके शेयर में गिरावट दिख रही है। जो की Downtrend की स्थिति में है। लिहाजा, हमें ऐसे शेयर में Sell की इंट्री के बारे में ही सोचना चाहिए।

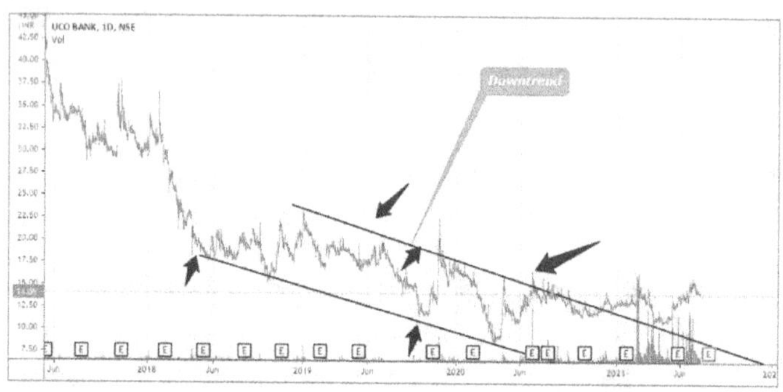

यूको बैंक का एक दिन का चार्ट डाउनट्रेंड में है, (चित्र 9.4)

तस्वीर (चित्र 9.4) में Uco Bank के एक दिन का चार्ट है, जिसके शेयर में गिरावट दिख रही है। जो की Downtrend को दर्शाता है। ऐसे शेयर में हमें Sell की पोजिशन बनाने पर ही सोचना चाहिए।

केआरबीएल का एक दिन का चार्ट साइडवे ट्रेंड में है, (चित्र 9.5)

तस्वीर (चित्र 9.5) में Krbl Ltd के एक दिन का चार्ट है , जिसमे शेयर न तो Uptrend और न ही Downtrend दिख रहा है । यानि ये अभी Sideways में है । हमें इस पर पोजिशन तब ही बनानी चाहिए, जब इसका ट्रेड पूरी तरह से साफ हो जाए, यानि अगर यह Uptrend में आए तो Buy और Downtrend में दिखें तो Sell की पोजिशन बनानी चाहिए ।

टाटा कैमिकल का एक दिन का चार्ट साइडवे ट्रेंड में है, (चित्र 9.6)

तस्वीर (चित्र 9.6) में Tata Chemicals का एक दिन का चार्ट दिखाई पड़ रहा है । जिसमें काफी समय तक शेयर Sideways रहा । इसके बाद इसमें Uptrend का मूवमेंट आया। यह हमें समझानें का मतलब ये है कि शेयर के Sideways रहनें पर हमें Uptrend या Downtrend के मूवमेंट का इंतजार करना चाहिए। इसके बाद ही हमें शेयर में पोजिशन बनानी चाहिए।

10

शेयर का चुनाव

''मैं विश्लेषण में भरोसा करता हूं, न की भविष्यवाणी पर । सभी कंपनी रिपोर्ट और बैलेंस शीट आपको अतीत और वर्तमान बता सकती है । वे भविष्य नहीं बता सकते '' निकोलस दारवास

ट्रेडिंग निरंतर सीखने की प्रक्रिया है, इससे इंकार नहीं किया जा सकता और न ही इसे मुंह मोड़ा जा सकता है । लेकिन, इसके साथ ही आप कौन से शेयर्स का सेलेक्शन अपने ट्रेडिंग में प्रॉफिट बनाने के लिए करते हैं यह भी काफी अहम होता है । इस पर हमे खास ध्यान देने की जरुरत है , क्योंकि शेयर का चुनाव सही होने से ट्रेडर्स का काम आसान हो जाता है , उसके फायदे की संभावना बढ़ जाती है । यहां सही और सटीक शेयर के चुनाव करने का मतलब है, हमे उस शेयर को चुनना चाहिए जो काफी मजबूत और सुदृढ है। जिसका ट्रेक रिकॉर्ड अच्छा रहा है, वो अपने सेक्टर के प्रमुख शेयर्स में से एक है और काफी अहमियत रखता है । उदाहरण के तौर पर जाने तो Hdfc bank, Reliance, Asian paint, Sun pharma, HDFC, TCS ये शेयर्स अपने-अपने सेक्टर्स के प्रमुख है । अगर हमे इसमे ट्रेड करने की संभावना मिलती है, तो हमारे जोखिम या फिर हानि की गुंजाइश कम हो जाती है ।

दूसरी तरफ हम शेयर का चुनाव इंडेक्स को पैमाना मानकर भी चुन सकते हैं, जैसे समझिए की अगर हमारा 50 शेयर्स का सूचकांक निफ्टी अगर uptrend में हैं, तो हम उन शेयर्स को ट्रेडिंग के लिए चुनना चाहिए

जो uptrend में हो और अपने सेक्टर्स में मजबूत शेयर हो, इससे ये होगा कि आप की संभावना ट्रेडिंग में ज्यादा कारगर होगी और आपके फायदे के चांसेज ज्यादा बनेंगे । इसके पीछे तर्क ये है कि आप इंडेक्स और उस शेयर को ट्रेंड देखकर ट्रेड कर रहे हैं, और उस शेयर पर अपना दांव लगा रहें है, जो काफी मजबूत है। जिसमे, जोखिम की संभावना काफी कम है। यहां पर शेयर सेलेक्शन भी काफी महत्वपूर्ण होता है

वही, यदि आप डाउनसाइड या शार्ट सेल का ट्रेड फ्यूचर शेयर पर लेना चाहते हैं, तो फिर आपको इंडेक्स को देखना होगा , यानि अगर निफ्टी downtrend है, तो फिर आप उन शेयर्स को चुने जो downtrend में है, जिसकी संभावना तेजी से गिरने की है । ये याद रखिए की अच्छे यानि मजबूत शेयर्स में गिरावट शार्ट टर्म के लिए देखने को मिलती है, लिहाजा शार्ट सेल का फैसला सोच-समझकर ही लेना चाहिए. जब सबकुछ आपके पैमाने और पक्ष में हो ।

शेयर के चुनाव में इन चिजों के अलावा हमे सेक्टर्स और इससे संबंधित शेयर्स की खबर, कार्यक्रम और कंपनी, सालाना, छमाही और तिमाही रिपोर्ट पर भी गौर करनी चाहिए, क्योंकि ये भी मददगार साबित होते हैं ।

इन सभी को अगर दिमाग में रखा जाए, तो शेयर चुनाव करने में काफी मददगार होती है, और हमे ट्रेडिंग में मुनाफे की संभावना भी बढ़ जाती है।

शेयर का चुनाव कैसे करें ?

1. सबसे पहले Nifty 50 या Nifty 100 शेयर्स का लिस्ट बनाएं . इसमे उन शेयर्स को चुने जो अपने सेक्टर्स के काफी मजबूत शेयर हैं ।

2. बाजार के वर्तमान ट्रेंड क्या है, इसे सही तरीके से रिसर्च करें और जानें।

3. सेक्टर्स के ट्रेंड और इससे संबंधित स्टॉक्स का ट्रेंड चेक करे और आपके पैरामीटर पर सही है या नहीं इसे परखें

4.ट्रेंड चेक करने के बाद शेयर्स के चार्ट पर मासिक, साप्ताहिक और एक दिन का ट्रेंड को भी अच्छी तरह से जाने-परखे कि , अभी इस शेयर्स के क्या हालात हैं ।

5. सेक्टर्स और इससे संबंधित शेयर्स की खबर पर भी बारिकी से नजर रखे, इसके साथ जिस शेयर में ट्रेड करना चाहते हैं, उसके न्यूज, वार्षिक रिपोर्ट और रिजल्ट पर भी ध्यान देना चाहिए । इससे आपकों काफी फायदा होगा ।

5. सेक्टर्स और इससे संबंधित शेयर्स की खबर पर भी बारिकी से नजर रखे, इसके साथ जिस शेयर में ट्रेड करना चाहते हैं, उसके न्यूज, वार्षिक रिपोर्ट और रिजल्ट पर भी ध्यान देना चाहिए । इससे आपकों काफी फायदा होगा ।

11

ट्रेडिंग मनोविज्ञान और भावनाएं

'' ट्रेड लगाने के बाद, कुछ भी हो सकता है, मार्केट आपके मुताबिक जायेगा या फिर आपके खिलाफ जायेगा । या फिर आपके पोजिशन के ऊपर-नीचे होगा । लिहाजा आपके पास हर हालात के लिए एक ट्रेडिंग प्लान होना चाहिए '' मार्क डगलस

ट्रेडिंग में आपको बाजार में अपनी चतुराई और दिमाग का भरपूर इस्तेमाल तो करना ही है । आपको अपने दिमाग और भावनाओं से भी लड़ना है । आप सोच रहें होंगे कि आखिर ये क्या चिज है । दरअसल, शेयर बाजार की यह सच्चाई है , हकीकत है । आपकी भावनाएं ही शेयर बाजार में सबसे बड़ी दुश्मन है । जो बाजार में आपको लाभ कमाने में सबसे बड़ा रोड़ा अटकाती है। आप देखेंगे कि आप कई बार अच्छे मुनाफे में ट्रेड के दौरान होते है, लेकिन लालच के चक्कर में आप प्रॉफिट के पैसे को अपने पॉकेट में डाल नहीं पाते । वही, दूसरी तरफ आपको ट्रेड में कभी थोड़ा नुकसान हो रहा होता है, तो आपका दिमाग कहता है कि यह मुनाफा में बदल जायेगा , लेकिन होता उल्टा है, जो थोड़ा सा लॉस दिखा रहा होता है, वह बड़ा हो जाता है। यहां कहने का अर्थ है कि आप फायदे में हो या नुकसान में दोनों ही सूरत में आप नुकसान ही उठाते हैं ।

यहां सवाल है कि आखिर इसके क्या कारण है कि ऐसा होता है । इसका जवाब बिल्कुल सरल है, दरअसल, आपकी भावनाएं और दिमाग है । जो डर, लालच, आशा और अफसोस के मायाजाल में फंस जाता है और आपको नुकसान करवाता है । कभी-कभी यह इतना डरावना होता कि आपकी सारी पूंजी शेयर बाजार में खत्म हो जाती है । आपका चंचल दिमाग और भावनाएं दुश्मन बनकर बाजार में आती है जो आपकी शत्रु रहती है । इसे हर हाल में आपको नियंत्रित करना ही होगा , तब ही आप एक सफल ट्रेडर बन सकते हैं ।

हमे शेयर बाजार में चार तरह की भावनाएं Emotion का सामना करना पड़ता है, वह क्या है हम आगे समझते हैं

1.लालच- ट्रेडिंग में सबसे बड़ा दुश्मन अगर कोई है, तो वह लालच है । आप लालच यानि प्रॉफिट के चक्कर में बार-बार ट्रेड करते हैं, वह भी अपने बनाए नियम को ताक पर रखकर । इसके फंसने की वजह यह होती है की कभी-कभी अपके मन मुताबिक फायदा तो हो जाता है, लेकिन कई बार ऐसा होता है कि लालच के चलते बड़ा नुकसान हो जाता है । लालच ही है, जो एक ट्रेडर को बेवजह बाजार में उलझाए रखती है । हम हर हाल में इस लालच से बचना होगा , अपने ट्रेडिंग सिस्टम पर भरोसा करना होगा ।

2. डर- ट्रेडिंग में डर की भावनाएं भी मंडराते रहती है , ट्रेडर्स डर के चलते जिस शेयर में फायदा होने को होता , उन्हें मालूम भी रहता है , लेकिन थोड़ी सी हानि में ही ट्रेड से निकल जाते हैं । बाद में यही शेयर एक बड़ा मुनाफा दे जाता है , वह अफसोस करते हैं । लेकिन, यह डर ही उन्हें ट्रेड से निकाल देता है । हमे ट्रेडिंग के दौरान डर से निपटना होगा, क्योंकि डर आपको बाजार से पैसा बटोरने से रोकता है यानि प्रॉफिट कमाने में बाधक है ।

3. आशा- ट्रेडर्स का आशावान नजरीया भी काफी नुकसान पहुंचता है । जब कोई ट्रेड में थोड़ा नुकसान हो रहा होता है , तो उन्हें लगता है, अगर ठहर जाए , तो ये नुकसान बदलकर फायदे में हो जाएगा , पर ऐसा नहीं होता, नुकसान और ज्यादा हो जाता है । इसकी वजह आशा ही है, जो एक ट्रेडर को कमजोर बनाती है, इस चिज से निकलने के लिए हमे

हर हाल में स्टॉप लॉस के नियम को पालन करना चाहिए, क्योंकि आशा पालने से नुकसान ही होता है ।

4. अफसोस- बाजार में आप फायदे में हो या नुकसान में हो अफसोस में घिरे रहते हैं । आपको संतोष नसीब नहीं होता है । यहां यह बताने का मतलब है कि आप जब फायदे में होते है, और ट्रेड से निकलते हैं, तो आपको मालूम पड़ता है कि गलत वक्त पर निकल गये , अगर ट्रेड में बने रहते तो हमारा फायदा और बड़ा होता । दूसरी तरफ, जब आपको नुकसान होता है, तो और आप थोड़े से नुकसान में निकल जाते है , लेकिन यही ट्रेड बाद में जब प्रॉफिट में हो जाता है, तो आप अफसोस करते हैं कि ट्रेड से निकलना नहीं चाहिए था , अगर बनें रहते तो फायदे में रहते । यानि हर हाल में आपको अफसोस होता ही है , वास्तिवक में हमारा ट्रेडिंग नियम ही इसमे संतुष्टी दे सकता है ।

यहां सवाल है कि आखिर इसका समाधान क्या है और इससे कैसे पार पाए जाए । क्या किया जाए या जुगत लगायी जाए कि भावनाएं Emotion ट्रेडिंग के दौरान काबू में रखा जा सके और बाजार में फायदा कमाया जा सके ।

हमे इसे कंट्रोल करने के लिए निम्न बातों पर ध्यान देना चाहिए , इससे हमे अपनी भावनाएं कंट्रोल करने में काफी मदद मिलेगी

1.हमे अपने बनाए ट्रेडिंग नियम को हर हाल में पालन करना चाहिए, इसके परे कतई नहीं सोचना चाहिए ।

2. कोई भी ट्रेड लेने से पहले हमे यह आकलन कर लेना चाहिए कि , कितना लाभ और हानि हमे इस ट्रेड में होगा यानि एक प्लान तैयार कर लेना चाहिए । इसके बाद ही ट्रेड करना चाहिए

3.नये ट्रेडर्स को बाजार में उतरने से पहले कागज में ट्रेडिंग या वर्चूअल एप में ट्रेडिंग का अभ्यास करना चाहिए । कुछ महीने अभ्यास के बाद अगर उन्हें लगे कि हम वह बाजार में उतरने योग्य हो गयें है, तो फिर रियल मनी से ट्रेडिंग शुरु करनी चाहिए ।

4.ट्रेडिंग के दौरान आप जो गलतियां करते हैं, उसे एक डायरी में लिखें और इसे निरंतर सुधार ट्रेडिंग के दौरान करें । लगातार अभ्यास से इसमे सुधार होगा । कोशिश करें, जो गलतियां कर रहें है, उसे दोबारा

नहीं दुहरायी जाए । इससे ट्रेडिंग में आपको काफी फायदा होगा ।

5. समय-समय पर आप ट्रेडिंग के दौरान अपने Emotion को भी चेक करें कि फायदे या नुकसान होने पर आप अपने आप के साथ कैसा सलूक करते है । अगर इसमे कमी है, तो फिर इसे सुधारने की कोशिश करनी चाहिए ।

6. एक तजुर्बेकार ट्रेडर्स के Mindset को समझने की कोशिश करें कि आखिर, वो ट्रेडिंग में कैसे अपने Emotion को कंट्रोल रखता है । इससे भी एक ट्रेडर को काफी फायदा होगा । असल में हम निरंतर कोशिश से ही इस पर विजय प्राप्त कर सकते हैं ।

7. ट्रेडिंग के दौरान बाजार के ट्रेड को अच्छी तरह से जाने और अच्छे शेयर का चुनाव कर ट्रेडिंग करें । इससे आपका काम काफी आसान होगा ।

इन चिजों पर ध्यान लगाने के साथ खुद को लगातार अध्यनरत रहना चाहिए , ताकि खुद को मजबूत किया जा सके । क्योंकि, शेयर बाजार निरंतर अध्ययन और अभ्यास मांगता है । हमें ज्यादा से ज्यादा चार्ट पेटर्न को अभ्यास करना चाहिए । हमे अपने स्टॉप लॉस, इंट्री और टारगेट क्या रखना है , इस पर भी बारिकी से नजर रखनी चाहिए । इन चिजों के अलावा मार्केट Trend और Cycle को भी समझने की जरुरत है । इसके मुताबिक भी ट्रेड करने की आदत डालनी चाहिए । अगर हम लगातार इन चिजों पर प्रयास करें , तो हमारा लालच, डर, अफसोस और आशा जो हमारी ट्रेडिंग की दुश्मन है । वो कम हो जाएगी । इससे हमारा Psychology और Mindset भी काफी मजबूत होगा ।

12

जोखिम और पैस का प्रबंधन

''बाजार क्या करने जा रहा है, इसके बारे में चिंता न करें, चिंता इस बारे में करें कि आप बाजार के जवाब में क्य करने जा रहे हैं'' माइकल कैर

शेयर बाजर में पैसा लगाने से लोग हिचकते हैं, क्योंकि यहां जोखिम हमेशा बना रहता है । आज भी इस नुकसान के चलते लोग स्टॉक्स में पैसा नहीं लगाते है, इसमे पैसा वही लगाते है, जिन्हें अपना जोखिम पता रहता है और प्रॉफिट कितना हो सकता है , इसके बारे में भी अनुमान रखते हैं । अगर कोई सिर्फ फायदे के लिए इसमे आने की सोचता है, तो उसे नुकसान होना तय है, क्योंकि शेयर बाजार मनी मेकिंग मशीन नहीं है । हमे हमेशा यह याद रखने की जरूरत है कि यहां नुकसान इस खेल का एक हिस्सा है , हम जितना कम नुकसान करेंगे और जितना ज्यादा प्राफिट बटोरेंगे, तब ही बाजार से पैसा वसूल सकते हैं यह कमा सकते हैं । लेकिन, मन में ये सवाल उमड़ रहा होगा कि आखिर ये कैसे संभव है , यह कैसे हो सकता है ।

यह मुमकिन है , अगर हम अपने रिस्क यानि जोखिम को पहले जाने, यानि पैसे का प्रबंधन यानि मनी मैनेजमेंट करें। अगर कोई शेयर बाजार में प्रॉफिट की बजाय इस पर फोकस करें , तो वह बाजार से पैसा ले जा सकता है, क्योंकि मनी मैनेजमेंट ही आपको बाजार में टिके रहनें

का हौसला देता है , आपकी पूंजी की रक्षा करता है और पैसा कमाने की राह बनाता है । इसे हरेक ट्रेडर को नितांत सीखने की जरुरत है। दुनिया के जितने ट्रेडर ने पैसा कमाया है, वह अपने जोखिम को जानते हैं, इसके बाद उनमे डर खत्म हो जाता है , क्योंकि उन्हें पता है कि हर ट्रेड में उनका कितना पैसा रिस्क पर है ।

अगर कोई ट्रेडर इस चिज को जान जाए और अपना रिस्क मैनेज करना सीख जाए तो फिर शेयर बाजार में उसकी कामयाबी की संभावना बढ़ जाती है ।

यहां एक सवाल है कि आखिर जोखिम और पैसे का प्रबंधन क्या है , हम इसे कैसे समझे और ट्रेडिंग के दौरान इस्तेमाल करें । इसे आसान तरीके से जाने तो, आप किसी ट्रेड में कितना पैसा जोखिम में डालना चाहते हैं और अपनी पूरी पूंजी का कितना प्रतिशत जोखिम ले सकते हैं । यह हमे हमेशा मानने की चिज है कि जोखिम को हैंडल करना आपके हाथ में है, ट्रेड के दौरान कितना प्रॉफिट होगा यह आपके हाथ में नहीं है ।

अगर उदाहण से समझा जाए तो , यदि आपके पास एक लाख की पूंजी लेकर बाजार में उतरे हैं , तो आप महीने में इसका पांच प्रतिशत ही जोखिम ले सकते हैं । इसका मतलब है कि एक लाख रुपये के कैपिटल में महीनें भर में पांच हजार का नुकसान ही आप झेल सकते हैं । वही, 1 लाख रुपये में हमे चार ट्रेड 25-25 हजार रुपये का लेंगे , जिसका जोखिम तीन से चार प्रतिशत होगा । यहां कहने का मतलब है कि हम अपनी पूंजी को चार जगह पर लगायेंगे, जिसका हर ट्रेड में 25 हजार रुपया लगायेंगे । यानि हर ट्रेड में 750 से 1000 रुपए का जोखिम होगा। इससे यह होगा कि आपके जोखिम की संभावना काफी कम हो जाएगी, वही हम एक लाख रुपये पूरा एक ट्रेड में लगा देंगे, तो रिस्का काफी बड़ा हो जाएगा ।

अगर चार ट्रेड में हमारा कुल नुकसान पांच हजार रुपये हो जाए, तो फिर हम उस महीने ट्रेड नहीं करेंगे । यहां यह समझने की जरुरत है कि हर ट्रेड पर 2 से 3 प्रतिशत जोखिम लेने का नियम लागू होगा । वही महीने में पांच प्रतिशत जोखिम पूरी पूंजी पर होगा ।

इस उदाहरण के जरिए आप समझ गये होंगे कि आखिर जोखिम और पैसे का प्रबंधन ट्रेडिंग में क्या होता है । एक ट्रेडर अगर अपने बनाये

नियम के तहत इस पर अमल करें तो बाजार में नुकसान कम और फायदा ज्यादा होगा । दरअसल, यही वह चिज है , जो बाजार में ट्रेडर को टिके रहने में मददगार होता है , एक सफल ट्रेडर भी यही बात आपको बतायेंगा, क्योंकि उसने अपने तजुर्बे से जान गया होता है कि , जोखिम उसके बस में है और प्रॉफिट देना मार्केट के हाथ में हैं । आपको अपनी पूंजी को सुरक्षित रखना ही सबसे महत्वपूर्ण काम है, क्योंकि अगर आप पूंजी गंवा देंगे तो फिर आप पैसे कमाने की तो कतई नहीं सोच सकते ।

आमूमन लोग समझते है कि स्टॉप लॉस ही रिस्क या मनी मैनेजमेंट है । लेकिन , असल में यह पूरे विषय का एक भाग है । इसे पूरा रिस्क और मनी मैनेजमेंट मान लेना कही से भी सही नहीं है । एक सफल ट्रेडर बनने के लिए इस विषय पर भी हमे कड़ी मेहनत करने की जरुरत है , निरंतर कोशिश से हम अपने जोखिम को कम कर सकते हैं और बाजार में लंबे समय टिककर पैसा कमा सकते हैं । अगर हम जोखिम और पैसे के प्रबंधन के पाठ को नहीं सीखेंगे, तो फिर लाजमी है कि हम बाजार में रह नहीं सकते। हमे इस पर विशेष जोर देना चाहिए, क्योंकि यही चिज है , जो आपके हाथ में है और आप इसमे महरथ हासिल कर सकते हैं , क्योंकि यह भी एक सीखने की चिज है , जो अत्यंत ही जरुरी है

13

बदले की भावना और ज्यादा ट्रेडिंग

''बाजार में पैसा बनाना है, तो पहले अपनी पूंजी को सुरक्षित रखें और सही अवसर का इंतजार करें। तब ही आप बड़ा मुनाफा कमा सकते हैं''
विक्टर स्पेरांडो

शेयर बाजार में कोई नुकसान नहीं करना चाहता, हर कोई ज्यादा से ज्यादा पैसा बाजार से बटोरने की मंशा में ही आता है । लेकिन, यहां पैसा वहीं कमाता है, जो बाजार की बारीकियों को समझता है । नहीं, तो नुकसान की संभावना ज्यादा होती है ।देखा गया है कि नुकसान होने पर ट्रेडर अपने लॉस की भरपाई के लिए बाजार की विपरित परिस्थितियों में भी जबरन और बार-बार ट्रेड करते है. ताकि , उनके नुकसान की भरपाई हो सके । इसके चक्कर में नुकसान तो एकाद बार रिकवर हो जाता है, लेकिन ज्यादतर समय उन्हें नुकसान ही हाथ लगता है। इसके चक्कर में कई लोग तो अपनी बड़ी पूंजी भी गंवा चुके हैं । क्योंकि, शेयर बाजार के अपने कायदे-कानून है, जो इसे मानता है, वह बने रहता है, जो नहीं मानता है वह बाजार से बाहर हो जाता है ।

अधिक ट्रेड करने की भावना नये-नये ट्रेडर में खासी देखी गई है, वो जल्द ही अपनी पूंजी तक गंवा देते है। इसके बाद वह संभल कर ट्रेड करते हैं।

हमे यह समझने और मानने की जरुरत है कि बाजार हमारा बॉस है। ठीक उसी तरह, जिस तरह हमारे ऑफिस में एक बॉस होता है। उनकी हर बात में हां में हां मिलानी पड़ती है। वैसे ही बाजार भी हमारा बॉस है, मालिक है। उसकी बात मानना हमारा फर्ज है, अगर हम इसका विरोध करेंगे तो हमे इसका खामियाजा तो भुगतना पड़ेगा।

अगर हमे किसी ट्रेड में नुकसान होता है, तो हमे इसे स्वीकार करने की जरुरत है न की भावनाओं में बह कर बार-बार ट्रेड करना चाहिए। यहां यह समझने की चिज है कि शेयर बाजार में फायदे की तरह नुकसान भी एक हिस्सा है। जिसे हमे मानना चाहिए, ठीक है यदि अभी नुकसान हुआ, तो फिर आगे फायदा होगा ये भी दिल में तस्सली रखनी चाहिए।

यह कड़वी सच्चाई है कि हम खुद को सर्वश्रेष्ठ बनने के चक्कर में ट्रेडिंग करते हैं यही मूर्खता भरा कदम हमे नुकसान की राह पर ले जाता है। जिसकी बाद में भरपाई करना मुश्किल हो जाता है। हमे बाजार में बदले की भावना से हर हाल में बचना चाहिए, क्योंकि हम हर बार सही नहीं हो सकते। खासकर, डे ट्रेडिंग या इंट्रा डे ट्रेडिंग में देखा गया है कि ट्रेडर्स बार-बार ट्रेडिंग करते हैं। इसके चक्कर में नुकसान बड़ा होता है। इसके पीछे कारण यह है कि हम बाजार के मूवमेंट पर ट्रेड नहीं करते हम तब ट्रेड करते हैं जब बाजार में मूवमेंट नहीं होता है। नतीजा हमे हानि उठानी पड़ती है।

यहां सवाल है कि बदले की भावना या फिर बार-बार ट्रेडिंग से कैसे बचा जाए, खुद को दूर रखा जाए इससे समस्या से कैसे निजात पाया जाए।

इस मुश्किल से पार पाने के लिए हमें अपने बनाए सिस्टम पर भरोसा करना पड़ेगा, अपने ट्रेडिंग क्षमता पर भरोसा करना पड़ेगा, अपने मनी मैनेजमेंट स्कील पर अड़ा रहना होगा। अगर हमारा स्टॉप लॉस हिट हो तो हर कीमत पर ट्रेड से बाहर निकलना होगा। हम दुबारा ट्रेड तब ही ले जब सबकुछ अपके सिस्टम के माफिक हो, चार्ट पेटर्न और ट्रेड आपके पक्ष में हो। अगर न हो तो ट्रेड लेने के लिए सोचना भी नहीं चाहिए। इसके साथ मन में ये भावना हर हाल में पैदा करनी होगी, कि बाजार में जबरन पैसा नहीं कमाया जा सकता और हर समय बाजार मौका नहीं

देता है । सही वक्त पर सही फैसला ही सफलता का आधार है । हमे मनी मैनेजमेंट और ट्रेड में कितना जोखिम लेना यह नियम भी लागू करने की जरुरत है । अगर हम अपने नियम और बनाए सिस्टम मानने लगेंगे, तो जाहिर है कि हम मुनाफा कमायेंगे और हम कामयाब होंगे ।

14

14. खुद को जानें

एक ट्रेडर अपने आपको बेहतर तरीके से जानता है , कि वह कितना कामयाब है और कितना नाकामयाब । उसकी कमी-खूबी क्या है, उससे बेहतर कोई नहीं जानता है । आपने पैसा कमाया तो कौन से सही निर्णय था कि आपको पैसा मिला और कौन सा गलत कदम था जिससे आपको नुकसान हुआ। आप अपने मजबूत और कमजोर पक्ष खुद जानते हैं. क्योंकि समय के साथ आपका तजुर्बा बढ़ता ही जाता है।

यह सोचने और समझने वाली बात है, इसके साथ ही खुद से सवाल भी पूछना चाहिए कि अगर अपने नुकसान किया , तो ऐसी क्या कमी थी, जो नुकसानदायक साबित हो रहा है और ऐसी कौन सी चिजें थी जो ट्रेडिंग में फायदे का सौदा साबित हो रहा है ।

हमे अपनी उन गलतियों पर लगाम लगाने की जरुरत है, जो बार-बार आपकी ट्रेडिंग में दर्द दे रहा है या नुकसान का सौदा हो रहा है । जब हम खुद अपनी गलतियों का हर दिन सुधार करेंगे, तो लाजमी है, कि आपका ट्रेंड करने की काबिलियत में निखार आयेगा । आपको एक सफल ट्रेडर बनने से कोई नहीं रोक सकता । क्योंकि, ट्रेडिंग खुद में सुधार करने की निरंतर प्रक्रिया है, जो आपको खुद से सीखने की चिज है।

देखा जाए तो ट्रेडिंग एक कला है, जो समय के साथ तजुर्बे बटोरने और कड़ी मेहनत के बाद ही आती है। यह बिल्कुल सच है कि ट्रेडिंग कोई सीखा नहीं सकता, यह आप पर निर्भर है कि आप सीखने के प्रति कितना लालायित है और जूनुन रखते हैं। एक अच्छा और समझदार ट्रेडर अपनी डायरी में अपनी ट्रेडिंग की सही और कमी लिखता है और उसे पढ़कर आगे अपने ट्रेडिंग में निखार लाता है।

अगर आप वाकई ट्रेडर हैं, तो अपने आप से यह सवाल जरुर पूछना चाहिए।

1. क्या आप सचमुच शेयर बाजार से पैसा कमाया है या कमा रहे हैं ?

2. अगर आप नुकसान में है या पैसा नहीं कमा रहे हैं, तो आखिर इसकी वजह क्या हैं , क्या आप इस पर आत्ममंथन करते हैं?

3.आपने जो ट्रेडिंग सिस्टम बनाया है, क्या वो वाकई काम कर रहा है या फिर इसमे सुधार की जरुरत है?

4. क्या आप लगातार ट्रेडिंग के दौरान अपने डर और लालच पर काबू पा लिया है या फिर आज भी इससे आप पार नहीं पा सकें हैं?

5. क्या , ट्रेंड के साथ आप ट्रेडिंग करने में कामयाब हो रहें है या फिर इसमे आप नाकामी झेल रहे हैं ?

6. क्या आप ट्रेडिंग में मनी मैनेजमेंट या जोखिम को कम करने में सक्षम साबित हो रहे हैं। अगर नहीं तो आखिर इसकी वजह क्या है।

7. क्या आप शेयर सेलेक्शन के दौरान शेयर को सही समय पर खरीद और बेच रहें है और क्या आप स्टॉप लॉस सही जगह पर लगा रहें है?

8. क्या आप बार-बार ट्रेड करने की आदत पर काबू पा लिया है . या आज भी बाजार से अपने नुकसान की भरपाई के लिए बार-बार बेवजह ट्रेड कर रहें हैं।

9. क्या ट्रेडिंग के दौरान अपनी भावनाओं को काबू करनें में सक्षम हो पा रहें हैं। अगर नहीं कर पा रहें हैं. तो फिर इसकी क्या वजह है

10. क्या आपका पसंदिदा चार्ट पेटर्न, ट्रेडिंग के दौरान काम कर रहा है , अगर नहीं कर रहा है, तो फिर इसकी क्या वजह है।

11क्या आप एक आक्रमक ट्रेडर है या फिर कम आक्रमक है . इसे खुद से ही अवलोकन एक ट्रेडर को करना चाहिए ।

अगर आप इन सवालों का जवाब ईमानदारी से देतें है और अपनी कमजोरी को दूर करने पर मेहनत करते हैं. तो फिर यही शेयर बाजार आपको पैसा देगा और आपको सफल बनने से कोई नहीं रोक सकता है ।

ट्रेडिंग निरंतर सीखने की प्रक्रिया है, जो समय के साथ-साथ निखरते ही जाता है । एक सफल ट्रेडर अपनी कमियों पर हमेशा काम करता है । इसके लिए कठीन मेहनत करता है , वो उन सभी चिजों पर फोकस करता है, जो उसे बाजार में सर्वश्रेष्ठ बनाए, क्योंकि वो जानता है कि बिना मेहनत के यहां पैसा कमाना मुश्किल है । वो इस चिज को अपने तजुर्बे से जान जाता है कि शेयर बाजार एक सागर है, जिसमे आप उतरेंगे, तो इसकी गहराई नाप नहीं सकते । लिहाजा ट्रेडिंग में सफलता के लिए कोई शार्ट कर्ट फॉर्मूला नहीं है, सिवाय मेहनत के ।

15

एक अच्छे ट्रेडर के गुण

''आप ट्रेड के दौरान जो भी तरीके अपनाते हैं, लेकिन सबसे महत्वपूर्ण चिज ये है कि जब बड़ा ट्रेंड आए, तो आपका नजरीया उस ट्रेंड को पकड़ने की होनी चाहिए'' रिचर्ड डेनिस

एक अच्छे ट्रेडर वही होता है, जिनमे ये खूबियां मौजूद होती है । चलिए आखिर वो क्या-क्या है, आईए जानते हैं ।

1. एक अच्छा ट्रेडर ट्रेडिंग को एक कारोबार की नजर से देखता है ।

2. ट्रेड लेने से पहले हमेशा एक ट्रेडिंग प्लान रखता है ।

3. ट्रेड के दौरान अपने जोखिम यानि रिस्क को जानता है। इसके साथ-साथ पैसे का प्रबंधन यानि मनी मैनेजमेंट अच्छे तरीके से जानता है ।

4. वह लालच, डर, आशा और अफसोस को अपने काबू में रखता है ।

5. वह अपने बनाए ट्रेडिंग सिस्टम पर भरोसा रखता है, वह बार-बार अपने ट्रेडिंग सिस्टम को नहीं बदलता है ।

6. किसी भी ट्रेड को लेने से पहले अपना स्टॉप लॉस पहले ही निर्धारित रखता है , ताकि डर और जोखिम की परवाह उसे न हो ।

7. एक अच्छा ट्रेडर हमेशा अपने नियम में बंधा रहता है, वह इसके नियम नहीं तोड़ता है ।

8. अगर वह लॉस किसी भी ट्रेड में लेता है, तो वह इसे शांति से सह लेता है। दूबरा इसकी भरपाई के लिए ट्रेड कम ही करता है । जब तक उसके बनाये सिस्टम के मुताबिक अगला ट्रेड नहीं मिले।

9. एक अच्छा ट्रेडर अपनी एक डायरी रखता है, रोजाना अपने ट्रेड का विवरण लिखता है । उसने जो गलतियां की है। उसे दोबारा करने की वह कोशिश नहीं करता है ।

10. एक अच्छा ट्रेडर सफल ट्रेडर्स के बताए राह को अपनाता है, और ट्रेडिंग से संबंधित किताब को पढ़ता है । ताकि इससे अपने ज्ञान और ट्रेडिंग दक्षता को और आगे बढ़ाए ।

सफलता आप पर निर्भर है

स्टॉक मार्केट में कामयाब होने के होने के लिए आपमे इच्छाशक्ति, अनुशासन, लगन, निरंतर अध्ययन और कभी न हार मानने की क्षमता होनी चाहिए । अगर आप में ये खूबियां हो गई, तो फिर शेयर बाजार में आपको कामयाबी में कोई रूकावट नहीं पैदा होगी । आखिरी शब्द के तौर पर इस किताब के मार्फत यही कहना चाहूंगा कि जिन लोगों मेरी किताब को पढ़ा है। उसे तह दिल से शुक्रिया है । मुझे उम्मीद है कि आपको इस किताब से बहुत कुछ सीखने को मिला होगा ।